AF588915

NOTICE

SUR LA

RECHERCHE DE LA HOUILLE

DANS LE

DÉPARTEMENT DE LA SEINE-INFÉRIEURE

Publié, en vertu du vote émis par le Conseil Général, dans sa Séance du 28 Avril 1873

PAR

LOUIS ROLLAND-BANÈS

Ingénieur Civil des Mines

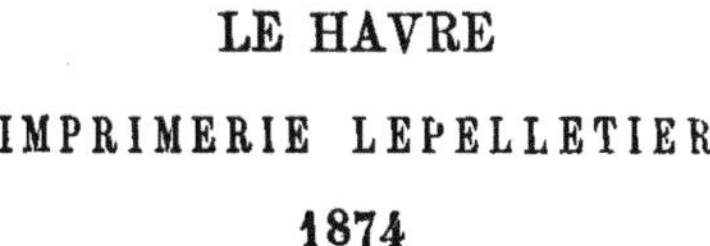

LE HAVRE

IMPRIMERIE LEPELLETIER

1874

NOTICE

SUR LA

RECHERCHE DE LA HOUILLE

Dans le Département de la Seine-Inférieure

A Monsieur le Préfet et Messieurs les Membres de la Commission nommée par le Conseil Général de la Seine-Inférieure, pour l'Etude relative aux recherches de la houille dans le Département.

INTRODUCTION

MESSIEURS,

Origine des premiers travaux.

Dans la première notice que j'ai eu l'honneur de vous soumettre le 9 octobre dernier et que vous avez accueillie avec une grande bienveillance, je disais que ce premier travail avait simplement pour but de poser devant vous, Messieurs, une question de la plus haute importance, dont je m'occupais déjà dès le commencement de l'année 1870, et pour laquelle j'avais reçu les encouragements les plus flatteurs de la part de l'ancien et regretté Préfet, M. le baron Ernest Leroy, et de votre honorable Président, M. Alphonse Cordier.

Je disais en outre, que mon intention était de me mettre en rapport avec les géologues les plus distingués, tels que

M. Elie de Baumont et autres et avec MM. les Ingénieurs des mines du Département, afin d'être conduit par la discussion, à me tracer un programme d'études dont je vais avoir l'honneur de vous donner communication.

Plan d'études approuvé par lettre de M. le Président de la Commission.

Vous avez bien voulu, Messieurs, par une lettre qui m'a été adressée par votre Président, approuver ce plan de conduite et m'encourager à le poursuivre.

Du reste, Messieurs, je vous demande la permission de vous faire connaître par quel concours de circonstances j'ai été amené à entreprendre ces études. Ancien élève de l'école des Mines de St-Etienne, j'ai été chargé, en qualité d'ingénieur, d'un travail général de topographie souterraine du riche bassin houiller compris dans les concessions appartenant à la Grand'Combe (Gard). Plus tard, aux mines de Lamure (Isère), j'ai été chargé d'introduire les améliorations que j'avais été à même de pratiquer à St-Etienne et à la Grand'Combe. Enfin j'ai dirigé pendant vingt ans l'exploitation d'une importante mine des bords de la Loire, entre Rochefort et Chalonnes (Maine-et-Loire).

Retiré du service actif des mines, j'ai fixé mon domicile au Havre où j'habite depuis sept années.

C'est là, qu'au spectacle de cette activité laborieuse, intelligente, en présence de cette manifestation d'aptitudes si diverses et si habiles qui s'appliquent avec tant de puissance au travail de la laine, du coton, à la construction mécanique, à la navigation, etc., etc., j'ai été amené, par la pente naturelle des études de toute ma vie, à me demander si notre région, si notre département ne pourraient pas avoir à leur disposition, caché dans notre sol même, le générateur de la force qui féconde l'industrie : le charbon.

Question de prépondérance, en tous temps, aujourd'hui question d'avenir, question vitale qui s'est emparée de mon esprit, que j'ai profondément méditée et dont je n'ai cessé de poursuivre la solution, en interrogeant les ouvrages des savants et en m'appuyant sur ma propre expérience, acquise dans les diverses exploitations que j'ai dirigées.

C'est le résultat de ces études que j'ai l'honneur de vous soumettre.

Avant d'aller plus loin, cependant, permettez-moi d'exprimer ma reconnaissance à M. le préfet Lizot pour l'accueil bienveillant qu'il a bien voulu faire à mes travaux, et de me féliciter, surtout, du vif intérêt que le Conseil général tout entier porte à des études qui peuvent conduire à la solution des graves difficultés qui menacent la fortune industrielle de notre département.

Du prix élevé de la houille, équivalant à une disette.

Dès l'année dernière, au mois d'août, comme au mois d'octobre, il était un point parfaitement établi et reconnu, c'est que l'augmentation constante du prix des charbons rendait de plus en plus difficile la production industrielle et que les grèves du pays de Galles jointes aux besoins chaque jour grandissants, pouvaient faire admettre que, dans un temps plus ou moins rapproché, la France se verrait privée des importations des charbons anglais, et plus tard de celle des charbons belges; enfin que les faits démontraient la nécessité, l'urgence, que le Gouvernement, aidé par les Conseils généraux, arrivât à prendre des mesures énergiques pour protéger l'industrie contre la ruine dont elle est menacée par la disette de la houille.

Aujourd'hui nous en sommes à la disette, demain ce sera la famine; c'est ce qu'il nous sera facile de démontrer par les tableaux suivants.

Si l'on compare le développement de la consommation à la production de la houille dans les quatres pays producteurs, l'Angleterre, la Belgique, l'Allemagne et la France, on reconnaît que la consommation de la France est loin d'être parvenue à son maximum, ainsi qu'on peut en juger par le tableau suivant :

Consommation des différents pays producteurs, comparée à la population.

	CONSOMMATION en quintaux de 100 k. DE HOUILLE	POPULATION	CONSOMMATION par habitant.
Angleterre..	1,050,000,000	30,000,000	35 quintaux
Belgique	80,000,000	5,000,000	16 »
Allemagne..	558,000,000	39,000,000	14 » 39 k.
France........	225,000,000	37,000,000	6 » 08 »

C'est donc la France qui consomme le moins de houille par habitant, ce qui est en partie dû à ce que les forêts fournissent encore assez de bois pour que l'usage de la houille, dans les ménages, y soit moins répandu que dans les autres pays.

Ainsi pour que la consommation par habitant, en France, fût égale à celle de l'Allemagne, nous devrions consommer 532,000,000 de quintaux, c'est-à-dire plus du double de la consommation que nous faisons aujourd'hui.

Pour égaler la Belgique, nous devrions consommer 592,000,000.

Et enfin, pour égaler l'Angleterre, nous devrions consommer 1,295,000,000.

Or, dans ces pays comme en France, on a constaté que la consommation double par chaque période de 15 ans environ, ce qui démontre l'accroissement des demandes auxquelles ces pays vont avoir à satisfaire. Il n'y a donc aucune exagération à déclarer que la France se trouve menacée d'être isolée et réduite à ses propres ressources, dans un avenir plus ou moins rapproché.

Pour rendre ce fait plus saisissable encore, il convient de dresser un tableau dans le genre de celui qui précède, en comparant la production de chacun de ces pays à sa population.

Production des différents pays comparée à la population.

	PRODUCTION en quintaux de 100 k. DE HOUILLE	POPULATION	PRODUCTION par habitant
Angleterre..	1,200,000,000	30,000,000	40 quintaux
Belgique....	130,000,000	5,000,000	26 »
Allemagne..	596,000,000	39,000,000	15 » 28 k.
France........	150,000,000	37,000,000	4 » 05 »

Ce tableau démontre, mieux que tous les raisonnements possibles, combien la France a d'efforts à faire pour arriver à équilibrer sa production, même avec sa très faible consommation d'aujourd'hui.

L'Italie, comme on le sait, étant jusqu'à ce jour privée de combustible minéral, les mines du Midi de la France, depuis l'ouverture du chemin de fer du Mont-Cenis, commencent à remplacer les charbons anglais qui y arrivent déjà en moins grande quantité que par le passé.

Si enfin nous comparons ce dernier tableau au précédent, nous voyons que, d'une part, la consommation de la France, qui doit être considérée comme un minimum, s'élève à .... 225,000,000 qx
quand sa production n'est que de .... 150,000,000 »

Différence en moins.......................... 75,000,000 qx
quantité que nous devons demander aux pays voisins, à l'Angleterre surtout et à la Belgique.

Mais que l'Angleterre, comme nous en sommes menacés, vienne à frapper la sortie des charbons d'un droit fiscal et, ce qui serait plus déplorable encore, qu'elle vienne à prohiber la sortie de la houille, comme on l'a proposé tout dernièrement dans les meetings tenus à Manchester et Liverpool, que deviendra l'industrie de la France, en présence d'un déficit de près de *cent millions de quintaux de combustible ?* Et je ne crois pas être exagéré en portant ce déficit à cent millions, en présence de la consommation dont l'accroissement se trouve déjà entravé par la pénurie et le haut prix des charbons.

Vous me pardonnerez, Messieurs, si je suis entré dans ces détails d'intérêt général que vous connaissez mieux que moi, sur la production et la consommation de la houille, en France surtout. Mais j'ai pensé que ce préambule était nécessaire pour mieux faire ressortir l'impérieuse nécessité, pour les administrations supérieures, de s'occuper sans retard du développement des centres actuels d'exploitation, dans les bassins houillers connus, et de la recherche de bassins nouveaux.

J'arrive donc naturellement à la question qui nous occupe, c'est-à-dire à l'étude relative à la présence de bassins houillers au-dessous des formations jurassique, liasique et triasique dans la Seine-Inférieure.

Avis de plusieurs ingénieurs et géologues.

Depuis que le Conseil général, dans sa séance du 31 août 1872, a été saisi de cette importante question par l'un de ses membres, M. Cordier, plusieurs géologues et ingénieurs ont émis leur avis dans un assez grand nombre de journaux, et la *Vigie de Dieppe* est allée jusqu'à annoncer une prétendue découverte de houille aux environs de Varengeville, localité dans laquelle existe, à la vérité, un gisement de lignites pyriteuses au milieu des argiles plastiques supérieures.

La même observation s'applique à la prétendue houille à St-Sens et qui ne consiste également qu'en lignites pyriteuses des mêmes argiles que celle de Varengeville.

Un sondage ou puits à St-Sens serait dans les mêmes conditions qu'à Meulers, localité dont je parlerai plus loin.

D'autres journaux ont émis leur avis sur la profondeur des terrains à traverser.

D'autres enfin ont dit que pour atteindre la houille, si elle existe, il faudrait descendre à des profondeurs telles que l'exploitation serait impossible.

Chambre de Commerce de Dieppe.

La Chambre de Commerce de Dieppe, dont l'attention s'est également trouvée éveillée par le vote du Conseil général, ayant appris que plusieurs ingénieurs au corps des mines, attachés aux travaux de la nouvelle carte géologique de France sous la haute direction de M. Elie de Beaumont, MM. de Lapparent et Fuchs, se livraient à des études géologiques générales dans la Seine-Inférieure et entr'autres dans le pays de Bray, a demandé à l'un de ces ingénieurs, M. Fuchs, une note sur la question relative à la profondeur à laquelle on pourrait rencontrer le terrain houiller au-dessous du pays de Bray.

Comparaison entre l'opinion émise dans ma Notice du 9 Octobre 1872, et celle de M. Fuchs.

Dans cette note, j'ai constaté que les profondeurs indiquées par M. Fuchs s'accordent approximativement avec celles que j'avais évaluées dans mon premier travail, sans tenir compte du trias.

Dans ce premier aperçu il était question d'une profondeur variable entre 400 et 600 mètres, non compris le terrain triasique.

Opinion modifiée par des études plus approfondies.

Mais, depuis cette époque, d'après les nouvelles études faites sur les différentes cartes et coupes géologiques, d'après les conférences que j'ai eues avec les géologues les plus distingués, j'ai été conduit, comme on le verra plus loin, à des évaluations supérieures à celles de M. Fuchs; en un mot, à une moyenne qui me semble, autant que possible, être l'expression de la vérité.

Si j'insiste, tout d'abord, sur cette différence d'opinions dans les évaluations de profondeurs, c'est qu'il est important que Messieurs les Membres de la Commission soient bien éclairés sur les difficultés inhérentes à de semblables questions, et qu'ils soient bien mis en garde contre les illusions, si séduisantes en pareille matière.

Des difficultés inhérentes à de semblables questions.

En effet, la recherche d'un gisement houiller dans des localités éloignées de 80, 150 et 190 kilomètres environ des points où se montrent, à la surface, les formations carbonifères est en quelque sorte *la recherche d'un inconnu* vers lequel on ne peut être conduit que par induction, comme nous le verrons dans le cours de cette notice.

Les conférences que j'ai eues avec plusieurs géologues, les nombreuses cartes géologiques départementales que j'ai étudiées, les ouvrages que j'ai compulsés, tant chez moi que dans la bibliothèque de la Société géologique de France et autres, et enfin l'inspection et l'étude de la grande carte géologique de France et de sa description, que je suis heureux d'avoir contribué à faire obtenir au département, m'ont conduit à adopter le programme suivant que j'ai divisé en six parties ou chapitres, savoir :

Programme d'études composant cette Notice.

Chapitre 1er. — Aperçu, sous un point de vue général d'ensemble, des formations géologiques principales, jusqu'à une profondeur moyenne de 1,500 à 2,000 mètres.

Chapitre 2. — De l'étude spéciale, au point de vue de leur puissance, des formations jurassique, liasique, triasique et carbonifère dans les contrées qui nous occupent.

Chapitre 3. — Déduction, au moyen de la puissance constatée, de la forme du bassin général sur lequel reposent les formations carbonifères et houillères ; des dislocations de ces couches et de la recherche des parties faisant suite à tel ou tel bassin.

Chapitre 4. — De la clasification des terrains carbonifères, des relations qui existent entre les différents bassins carbonifères et houillers et des travaux à faire pour arriver à la constatation du prolongement de ces bassins.

Chapitre 5. — Des points à choisir de préférence pour l'exécution desdits travaux, des dépenses et du temps reconnus nécessaires pour arriver à cette constatation.

Chapitre 6. — Conclusions comprenant quelques mots sur les voies et moyens pour arriver à la formation d'un capital nécessaire à une aussi importante constatation.

Tel est, Messieurs, le cadre que je me suis tracé pour l'étude que je vais avoir l'honneur de vous soumettre et pour laquelle je réclame votre sérieuse attention.

Concentration des principaux gisements carbonifères d'Europe dans un vaste triangle sphérique.

(*Planche 1*). — Avant d'aborder chacun des chapitres dont je viens d'indiquer le sommaire, je crois devoir rappeler ici que, dans ma première notice du mois d'octobre dernier, j'avais fait remarquer, sur une carte d'ensemble d'une partie de l'Europe et que j'ai l'honneur de remettre de nouveau sous les yeux de la Commission (Pl. 1, Fig. 1), que les principaux gisements carbonifères et houillers d'Europe, connus jusqu'à ce jour, se trouvent compris dans un immense triangle sphérique, B C D E F s'étendant de Kracovie au Nord de l'Ecosse, et du Nord de l'Ecosse au golfe de Lion Méditerranée, ce qui semblerait expliquer comment, à l'époque des formations carbonifères et houillères, la France, la Belgique, l'Allemagne, la Prusse, l'Autriche et l'Angleterre ne formaient qu'un seul et même Continent traversé par d'immenses vallées, parsemé de lacs ou tourbières aux vastes proportions; vallées dans lesquelles une végétation activée par une température élevée, par une humidité constante et une grande abondance d'acide carbonique en liberté dans l'atmosphère, atteignait un développement dont nous n'avons plus aucun exemple de nos jours.

Nous reviendrons plus loin sur ce sujet, au chapitre 3.

Cette même planche I a également pour but de donner un aperçu des relations qui existent entre les terrains carbonifères représentés en noir, et les terrains jurassiques indiqués par une teinte bleue.

Planche II ou carte d'ensemble. — La remarque relative à cette concentration au milieu d'un triangle, des principaux gisements carbonifères, a uniquement pour but de fixer les idées sur les localités où ils sont reconnus et sur une carte d'ensemble, Pl. II, sur laquelle j'ai figuré par des lignes légèrement teintées en sépia les contours de la France, de la Belgique, d'une partie de la Prusse, de l'Angleterre, de l'Ecosse et de l'Irlande, où figurent les cercles du réseau pentagonal de M. Elie de Beaumont et sur laquelle enfin, j'ai représenté le plateau granitique, porphyrique et volcanique, dit plateau central, ainsi que tous les gisements carbonifères et houillers qui sont indiqués sur les cartes géologiques de France.

On voit que ce plateau central divise les gisements carbonifères en deux parties :

Partage des gisements carbonifères en deux parties principales par le plateau central.

Les uns, compris à l'Est, au Nord, et à l'Ouest, entre les lignes du réseau pentagonal, T b *tatra et* D a c *côte d'Or*, ont leur point d'intersection aux environs d'Autun, formant un angle obtus, ayant son ouverture vers le Nord et établissant une démarcation entre les gisements du Sud et ceux du Nord.

Cette ligne de démarcation ou de partage peut être aussi indiquée par les lignes *représentant le cercle primitif Lisbonne et le cercle* Tc *Hundsruck.*

Comme on le voit, l'étude dont nous nous occupons ne doit donc se porter qu'au Nord de ces lignes, les bassins carbonifères du Sud prenant une direction tout-à-fait opposée aux localités qui nous intéressent en ce moment.

Cela posé, nous allons passer à l'étude de chacune des questions comprises dans le sommaire des chapitres signalés plus haut.

CHAPITRE Ier

Aperçu, sous un point de vue général d'ensemble, des principales formations géologiques jusqu'à une profondeur moyenne de 1,500 à 2,500 mètres.

Ces formations constituent neuf périodes principales :

Terrains dits primitifs.	1° La période dite primitive, formant la base de toutes les autres périodes.	
Ces quatre périodes constituent les terrains de transition dits Paléozoïques.	2° La période intermédiaire ou de transition.	(1)
	3° La période carbonifère et houillère.	
	4° La période de grès vosgien, grès rouge	
	5° La période triasique.	
Terrains secondaires.	6° La période jurassique et liasique.	
	7° La période crétacée.	
Terrains tertiaires.	8° La période tertiaire.	
Terrains quaternaires, alluvions.	9° La période quaternaire surmontée par les alluvions modernes.	

Il n'entre pas dans le cadre de ce travail d'analyser chacune de ces périodes qui se subdivisent à l'infini. Mais ce que je veux faire ressortir, ce sont les relations de chacune de ces formations avec les terrains carbonifères et houillers et leur régularité relative au Nord des lignes ou cercles du réseau pentagonal désignés plus haut.

(1) Ce sont surtout ces cinq périodes qui doivent particulièrement nous occuper.

PÉRIODE PRIMITIVE

Terrains dits primitifs.

Cette période, qui forme la base de tous les autres systèmes et qui constitue par conséquent la première croûte solide du globe, est désignée sur la carte géologique de France par une teinte carminée plus ou moins foncée et généralement indiquée par les lettres *YY'*. Ce sont les terrains cristallisés parmi lesquels les granits occupent la plus large part.

Sur la carte d'Europe de Dumont, cette période est représentée par les mêmes teintes carminées, mais désignées par les lettres *GG'*.

Des points principaux où se montre la période primitive.

Si l'on jette un coup d'œil sur cette carte d'Europe de Dumont, en prenant la France pour point de départ, on voit cette période primitive très-apparente, d'abord, au plateau central dont le Mont Pilat, au centre du Forez, est l'un des points le plus élevé, c'est-à-dire d'une altitude de 1,000^{m} environ; puis, en allant vers le Sud-Est, on remarque une zône de ces terrains longeant la chaîne des Alpes du Sud et un point très remarquable, le Mont Pelvou, d'une altitude de 4,093^{m}.

En Autriche et Bohême, un plateau granitique, dont Prague occupe le centre, se montre avec une étendue à peu près égale à celle du plateau central de la France et disparaît aux frontières de la Prusse sous les terrains quaternaires dont Berlin occupe le centre.

Les terrains primitifs remontent ensuite en Suède et en Norwège où ils occupent une très vaste étendue.

Puis, passant sous la mer du Nord, ils se relèvent avec une altitude maximum de 1,325^{m} au Nord de l'Ecosse, aux Monts Grampians, et longeant ensuite le Nord et le Nord-Ouest de l'Irlande, ils viennent, après avoir traversé l'Océan, se montrer en abondance sur les côtes de Bretagne et dans le département de la Vendée où ils forment, en quelque sorte, une presqu'île désignée par les auteurs de la description de la carte géologique de France sous le nom de presqu'île de Bretagne ; puis ils plongent sous la zône jurassique dont Poitiers occupe le centre.

Cette disposition des terrains primitifs indique naturellement, à partir du plateau central en France, jusqu'au Nord de l'Ecosse, une vallée profonde à double courbure, ayant pour axe une ligne passant par Paris et Londres, vallée dont les points les plus profonds se trouvent compris entre LHEB de la carte, Pl. II, c'est-à-dire aux points d'intersection de la ligne d'axe avec les cercles du réseau pentagonal D H de Belle Ile, T D b du Finistère, D a c des Pays-Bas, et enfin le cercle primitif de Land's End.

Dans le chapitre III, j'indiquerai comment je suis arrivé à déterminer approximativement la forme de cette vallée.

PÉRIODE DE TRANSITION

Afin de démontrer l'importance de cette période qui comprend les terrains désignés sous le nom de Paléozoïques et dont les formations anthraxifère, carbonifère et houillère occupent à peu près la partie supérieure, il convient de dire ici que cette période, tant sur la carte géologique de France que sur la carte d'Europe, a été partagée en 9 subdivisions dont les quatre inférieures ou terrains de transition proprement dits, ont été divisés eux-mêmes en :

Terrain de transition supérieur ;
» transition moyen ;
» transition inférieur ;
» transition modifié.

Comme on le voit, les formations Paléozoïques occupent une très large place dans la grande vallée primitive dont je viens de parler.

La période de transition proprement dite, désignée sur la carte géologique de France par une teinte sépia claire et indiquée par les lettres i i' i² i³, et sur la carte d'Europe de Dumont par les lettres A S R, a donc une grande importance au point de vue de cette étude, puisque c'est dans cette formation que se trouvent les terrains anthraxifères proprement dits, tels que ceux de la Sarthe, de la Mayenne et de la Basse-Loire partant de Doué, près Saumur, passant à Rochefort-sur-Loire, Chalonnes-sur-Loire, Mont-Jean et se prolongeant jusqu'à Nort, dans la Loire-Inférieure ; et c'est au-dessus de ces terrains de transition proprement dits qu'ont eu lieu, ensuite, les importantes formations carbonifères et houillères dont nous nous occupons.

Pointe de terrain de transition à Bourbon-Lancy.

Un point assez remarquable de cette formation, et sur lequel j'ai cru devoir attirer l'attention, se trouve à Bourbon-Lancy (Saône-et-Loire), et isolé au milieu des terrains cristallisés ; il semble indiquer au centre de la France le relèvement de la grande vallée primitive dont j'ai déjà parlé et qui, de Bourbon-Lancy, s'étend aux montagnes du Hundsdruck en passant sous la large bande jurassique comprise entre les environs d'Autun, jusques et au-delà de Luxembourg (Prusse).

Cette formation de transition occupe une vaste étendue, comprise entre les montagnes du Hundsdruck et du Taunus, au pied desquelles se montre la formation houillère de la Sarre qui s'étend de Sarrebruck à Kreuznach (Prusse), sous le grès vosgien, l'une des assises du terrain permien.

De ces montagnes elle s'étend au-dessous des terrains triasiques et jurassiques jusqu'à Fumay dans les Ardennes, où le point culminant de cette formation est à une altitude de 493m.

Et enfin, à l'état de terrain de transition supérieure, cette formation s'étend depuis Avesnes (Nord), jusqu'à Aix-la-Chapelle (Prusse) et c'est sur cette masse de terrain que repose, à stratification discordante, la zône carbonifère du Nord, ce qui dénote l'importance qu'on doit attacher à l'étude de la forme du bassin ou des vallées sur lesquelles reposent ces diverses formations.

Si des montagnes des Ardennes on se transporte au Nord, Nord-Ouest et Sud-Ouest de l'Angleterre, on voit les mêmes formations, en suivant le canal St-Georges, envelopper les terrains carbonifères du Nord de l'Angleterre et du pays de Galles et sur lesquelles ces dernières reposent également à stratification discordante.

Nom donné par les géologues anglais au terrain de transition inférieure.

En Angleterre, les géologues, dans leurs coupes, désignent la partie inférieure de la formation de transition sous le nom de *terrain Ardennais et Cambrien.*

Cette qualification de «Ardennais» explique mieux que tous les raisonnements possibles, les relations intimes qui existent entre le terrain des Ardennes et celui d'Angleterre, et, par suite, les relations ou pour mieux dire le prolongement des formations carbonifères du Nord de la France en Angleterre.

Si maintenant, de Plymouth, Sud-Ouest de l'Angleterre, on traverse la Manche, jusqu'au Cap-de-la Hague, on retrouve les différents étages de la formation de transition, se dirigeant de Cherbourg, sur Littry, Falaise, Alençon où ils constituent, au Nord de cette ville, les montagnes d'Écouves dont le point culminant est élevé de 413^{m} 37 au-dessus du niveau de la mer; de là cette formation passe à Angers, Ancenis, Pontivy, Redon, Chateaulin et Morlaix, en englobant la majeure partie des dix départements du Nord-Ouest de la France.

Cette vaste étendue des terrains de transition, analogues à ceux des Ardennes, communique évidemment avec ces derniers, en passant au-dessous des formations houillères de Littry et du Plessis, et de même au-dessous des trois petits bassins houillers indiquées sur la grande carte géologique de France aux environs de St-Pierre Lacour (Mayenne).

Elle plonge ensuite sous les formations supérieures triasiques, liasiques, jurassiques et crétacées, qui de Harcourt (Calvados) et de Lisieux jusqu'à Rocroy, dans les Ardennes, constituent les terrains de la Normandie et de la Picardie.

Protubérance jurassique du pays de Bray.

Si j'ai cité de préférence ces trois points, Harcourt, Lisieux et Rocroy, c'est qu'ils se trouvent sur le cercle du réseau pentagonal TD b *Finistère* qui passe à Gournay au sud du *pays de Bray*, seul point au milieu du bassin parisien où se trouve une protubérance d'une altitude de plus de 200 mètres de terrain jurassique et exactement au centre, entre les points où se montrent les terrains de transition à l'Est et à. l'Ouest de la France.

Cette description succincte des terrains de transition se relevant au Nord et au Sud, se relevant à l'Est et à l'Ouest dans la direction du réseau pentagonal Finistère, indique que c'est le même soulèvement qui a relevé au Nord-Ouest les collines de Bretagne d'une altitude moyenne de 2 à 300 mètres, au centre le pays de Bray, d'une altitude maximum de 230 mètres(1) et au Nord-Est les montagnes des Ardennes, d'une altitude moyenne de 3 à 400 mètres, laissant entre ces différents soulèvements des vallées et des bassins plus ou moins profonds pouvant parfaitement renfermer des bassins houillers, comme nous le verrons plus loin au moyen des coupes.

De la formation anthraxifère de l'Oue stde la France.

Avant de quitter la période de transition, je dois signaler

(1) Cette localité, comme nous le reverrons plus loin, a été soumise à d'autres soulèvements plus récents.

encore que c'est au milieu des terrains de transition supérieure i^2 que se trouvent les formations anthraxifères de l'Ouest de la France qui, en Maine-et-Loire et dans la Loire-Inférieure, sont exploitéessur une longue étendue par les mines de Doué, près Saumur, St-Georges, Chantelaison, Beaulieu, Layon-et-Loire, Desert, Chalonnes-sur-Loire, Montjean, Montrelais, Mouzeil, Nort et Languin sur la rivière de l'Erdre au Nord de Nantes; qui, dans la Sarthe et la Mayenne sont exploitées par les mines de Sablé (Sarthe) et par les principales concessions de la Bazouge, Epineu Bazougers et la Baconnière (Mayenne), s'étendant dans la largeur du département et ayant Laval au centre.

En Maine-et-Loire les terrains anthraxifères sont accompagnés, au Sud, par un banc de calcaire de transition servant dans le pays à la fabrication de la chaux pour l'amendement des terres.

De même dans la Sarthe et la Mayenne un ou plusieurs bancs de calcaire de transition accompagnent les gisements anthraxifères et produisent une excellente chaux pour amendement.

Certains bancs de ce calcaire fournissent de très-beaux marbres.

Les formations anthraxifères pourraient avoir leurs similaires dans la Seine-Inférieure.

Si je me suis un peu étendu, en parlant de la période de transition, sur les formations anthraxifères de l'Ouest de la France, c'est que ces formations ayant une très-grande importance dans ces départements, pourraient bien avoir leurs similaires au-dessous de la Seine-Inférieure (1).

---

(1) Ce sont ces formations carbonifères que j'ai le plus spécialement exploitées pendant ma carrière industrielle, comme ingénieur-directeur de l'une des concessions les plus importantes du Maine-et-Loire. En 1839, lorsque MM. Dufrenoy et Elie de Beaumont s'occu-

Je terminerai cet examen général du terrain de transition en signalant les bassins houillers de St-Pierre-Lacour, près Laval, dont j'ai déjà dit quelqnes mots à la page précédente, et qui pourraient avoir également leurs similaires au-dessous des formations supérieures de la Seine-Inférieure.

Et en signalant surtout le terrain houiller de Littry qui, reposant à stratification discordante sur les terrains inférieurs, plonge sous les terrains triasique, liasique et jurassique comme le fait le terrain houiller de la Sarre, dans la Moselle, comme je le démontrerai dans les chapitres suivants, au moyen des coupes représentant les différents sondages exécutés dans ce département.

Je vais passer maintenant à l'examen des périodes carbonifère et houillère.

Des périodes Carbonifère et Houillère

Les deux périodes carbonifère et houillère sont distinctes l'une de l'autre ; par suite de leur position géologique, et dans l'ordre chronologique des formations, la période carbonifère aurait précédé de quelque temps la période houillère.

Mais, toujours est-il que ces deux périodes appartiennent aux séries supérieures des terrains de transition ou terrains sédimentaires désignés sous le nom de Paléozoïques.

Les chapitres qui vont suivre devant avoir pour but de

---

paient de la description de leur carte géologique, ils s'adressèrent à moi pour avoir une notice sur la zône anthraxifère que j'exploitais et qu'ils m'ont fait l'honneur d'inscrire *in-extenso dans le tome 1er de la page 225 à 232.*

MM. les Membres de la Commission pourront se rendre compte de l'importance de ce terrain, en parcourant la petite brochure que j'ai eu l'honneur de leur offrir ; elle contient les détails de cette formation, détails figurés pl. IV, fig. 16, 17 et 18.

rechercher, à l'aide de coupes, les relations que peuvent avoir entre eux les différents gisements carbonifères de France, de Prusse et d'Angleterre, de même que les différents gisements houillers proprement dits dans l'angle Nord, dont j'ai déjà parlé, je me bornerai, d'abord, à donner une idée générale de ces formations, en analysant les différentes opinions des savants géologues qui ont traité ces questions, et en citant aussi les opinions de certains géologues qui, appliquant la science géologique à la recherche des gisements houillers, admettent avec juste raison le prolongement des bassins carbonifères et houillers au-dessous des formations régulières qui leur sont supérieures.

Quelques mots sur le mode de formation des bassins carbonifères.

MM. Elie de Beaumont, Dufrenoy, Ad. Brogniard Gœpper, et Fournet ont adopté pour la formation des couches de houille, un mode analogue, mais sur une bien plus vaste échelle que de nos jours, à celui de la formation des Tourbes.

M. Constant Prevost professe la théorie par transport de forêts enfouies.

M. Alcide d'Orbigny explique la formation des houillères de l'intérieur de la France, de l'Angleterre, de l'Amérique, par l'affaissement brusque du sol et l'enfouissement d'immenses forêts vierges sous les détritus apportés par l'envahissement des mers.

Pour ma part, et sans avoir la prétention de vouloir lutter en science avec les savants géologues dont je viens de citer les noms, je serais tenté d'admettre que les trois modes ci-dessus énoncés ont contribué simultanément ou alternativement à la formation des couches de combustible.

Ainsi, sur les versants de l'immense vallée de transition dont je chercherai à donner la configuration plus loin, devaient exister d'autres vallées profondes et des lacs ou bassins parallèles à ces vallées et dans lesquels devait se produire une végétation présentant tous les caractères de celles connues de nos jours dans les régions tropicales, favorisées en outre par une proportion considérable d'acide carbonique, alors qu'à cette époque de production spéciale du carbone, il ne se formait plus d'autres produits carbonatés que ceux provenant de la végétation.

Cette végétation exhubérante, telle qu'on ne saurait se la figurer aujourd'hui, recouvrait les versants de ces immenses vallées et tapissait le fond des lacs ; c'est alors que des cataclysmes ayant déterminé des enfouissements du sol et des déplacements des eaux, et ayant entraîné avec eux des forêts voisines, sont venus accumuler leurs débris sur des forêts en place et augmenter ainsi la puissance des matériaux enfouis. C'est ce qui, dans certaines couches, explique les renflements et les amincissements de la masse houillère.

Sans cette explication de forêts transportées et enfouies, avec d'autres forêts restées sur place, on s'expliquerait difficilement pourquoi, dans certaines couches, on rencontre à la fois des empreintes de troncs d'arbres placées verticalement et d'autres placées horizontalement.

On s'expliquerait aussi difficilement l'énorme puissance de certaines couches, car on a démontré, par des calculs approximatifs, qu'une forêt de la plus belle venue, couvrant la France entière, renfermerait moins de carbone qu'une couche de houille de deux mètres, étendue sur la superficie connue de nos terrains houillers.

D'où il résulte pour moi la conviction, qu'autour de forêts sur pied, sont venus s'agglomérer d'autres végétaux formant avec les premiers un feutrage naturel, qui, saturé de carbone et sous l'action d'une température excessive, se transformait rapidement en un combustible minéral, qui, comprimé par des dépôts terreux et schisteux, a dû prendre une forme souvent cristalline.

Ces végétations, répétées pendant une série innombrable de siècles, et leur enfouissement ont alors produit les masses carbonifères et houillères importantes du Nord de la France et de la Sarre, dans lesquelles on a reconnu un nombre considérable de couches de combustible.

Du nombre des couches exploitables, dans le bassin du Nord et le bassin de la Sarre.

Ainsi, dans le terrain carbonifère des environs de Valenciennes on compte plus de .... 75 couches exploitables
et dans le bassin de la Sarre........ 77 couches exploitables

Ensemble 152 couches

représentant autant de végétations et d'enfouissements partiels sans compter un nombre au moins égal de veines ou veinules non exploitables.

Le nombre des couches exploitables constatées lors de la rédaction de la description géologique de la France, en 1840 et 41, était moindre, et cela s'explique par suite du développement considérable des exploitations depuis cette époque.

En résumé, la végétation, comme je l'ai dit plus haut, était beaucoup plus active qu'elle ne l'est de nos jours, même dans les forêts vierges des tropiques, mais il n'en a pas moins fallu une longue série de siècles, pour former de semblables amas de combustible.

De la continuité ou extension des bassins houillers.

Il est important, maintenant, de faire ressortir ici l'opinion de plusieurs savants géologues sur la continuité des bassins qui sont le plus rapprochés de la contrée qui nous occupe.

La Sarre, les Vosges.

« Les terrains houillers de la Sarre et de la Moselle sem-
» blent se prolonger, en passant sous le grès vosgien et le

» trias, puis sous la bande jurassique qui s'étend de Thion-
» ville à Chaumond ; il en est de même des autres bassins
» qui avoisinent les Vosges, à Ronchamp, par exemple.

Bretagne et Vendée.

» Le gîte de St-Pierre-Lacour (Mayenne), celui de Littry (Calvados), du Plessis (Manche), semblent avoir été reliés entre eux autour des anciens massifs de transition de la Bretagne.

Littry et le Plessis.

» Des recherches très-anciennes, faites à Moon, point intermédiaire entre Littry et le Plessis, ont démontré que le terrain houiller existait dans cette localité et que les deux points extrêmes se trouvaient ainsi reliés (1). »

Il n'y a donc pas de raison pour que les massifs atteints par les nouveaux puits de Littry, ne se relient pas à d'autres, en plongeant sous les formations plus récentes.

C'est ici qu'il convient de noter que les différents centres houillers dont je viens de parler, se succèdent les uns aux autres par des bassins fermés, ou réunis par de légères traces de houille, ce qui établit une différence notable entre cette formation houillère proprement dite et la formation carbonifère du Nord de la France, comme nous allons le voir.

Aix-la-Chapelle, Huy et Liège, Namur, Charleroi, Mons, Valenciennes, Douai, Béthune, Hardinghen, près Boulogne.

En effet, l'exemple le plus frappant qu'on puisse donner de la continuité des bassins carbonifères est celui que présente l'immense zône qui, d'Aix-la-Chapelle (Prusse), s'étend jusqu'aux environs de Boulogne-sur-Mer, en traver-

---

(1) Extrait du *Bulletin de la Société de l'Industrie minérale* (1re année).

sant la Belgique et les départements du Nord et du Pas-de-Calais, sur une longueur de plus de 300 kilomètres.

Cette zône qui, à partir de Mons, ne se manifeste dans le Nord de la France par aucun affleurement à la surface du sol, a été constatée de proche en proche par des sondages, jusqu'aux mines d'Anzin d'abord, puis jusqu'a Douai, et enfin des sondages heureux dirigées par M. Blavier, Ingénieur des mines, ont conduit à la découverte du prolongement de la même zône, dans le Pas-de-Calais, où elle n'est exploitée que depuis 1846. C'est à partir de ce moment que s'est développée la richesse minéralogique de ce département.

Il y a cent ans, on eût dit que des exploitations florissantes existeraient un jour dans le Pas-de-Calais, qu'on eût traité de songe creux les auteurs d'une semblable prédiction, et cependant un fait important se manifeste, c'est qu'il y a 30 ans, aucune exploitation n'existait dans ce département et, aujourd'hui, on compte un grand nombre de centres d'exploitations parmi lesquels les plus importants sont : l'Escarpelle, Courrières, Bully-Grenay, Bruay, Lens, Béthune et enfin les concessions de Fiennes et Hardinghen, entre Calais et Boulogne. Probablement un jour, des sondages heureux entre Boulogne et les gisements de Cardiff démontreront que la zône carbonifère du Nord de la France se relie, sous la Manche et à travers l'Angleterre, à cet important centre d'exploitation.

Sondage à Battle, comté de Sussex.

A cette occasion, il convient de signaler un premier sondage entrepris dans ce but à *Battle*, comté de Sussex, et dont je donnerai l'emplacement au moyen des coupes qui font l'objet des chapitres suivants.

Avant de quitter les périodes carbonifères et houillères, nous croyons utile de citer l'opinion des géologues pratiques dans l'art des mines, sur la continuité des bassins houillers.

Les gisements houillers se relient le plus souvent entre eux.

Il ressort de l'énumération qui précède que :

« 1° Le plus grand nombre de gîtes houillers ne peuvent » être exactement délimités parce qu'ils sont recouverts, » dans certaines parties, par des terrains plus modernes, » et quelques-uns d'entr'eux paraissent avoir une surface » réelle bien supérieure à leur surface apparente.

» 2° Parmi les gîtes actuellement isolés ou qui paraissent » tels, il en est très peu qu'on ne puisse relier aux gîtes » voisins par des lambeaux intermédiaires ou par des déduc- » tions géognostiques présentant une très-grande proba- » bilité. Les soulèvements de terrains, les dislocations et » les érosions sont les causes auxquelles doivent être attri- » buées les solutions de continuité (1). »

Opinion des auteurs de la Carte géologique de France.

Dans le tome 1er de la description géologique de la France, les auteurs, en passant en revue les bassins houillers, n'excluent pas leur prolongement, tout en faisant remarquer qu'ils ont été formés pour la plupart dans des bassins fermés.

J'ajouterai ici, pour ma part, que ce sont des bassins fermés seulement en apparence, mais ayant souvent des points pour ainsi dire imperceptibles de communication.

Ainsi, les auteurs de la géologie de la France, tome I, page 706, en parlant du bassin de Sarrebruck, font remarquer que ce bassin doit avoir une extension très-probable au-dessous des terrains secondaires de l'intérieur de la France et probablement en bassins discontinus.

Passage textuel.

Voici du reste un passage textuel de ce tome I, page 706 : « Mais peut-être le terrain houiller de Sarrebruck est-il

(1) Extrait du *Bulletin de la Société de l'Industrie minérale* (1re année).

» lié à ceux de l'Ouest de la France, par une série d'autres
» bassins houillers cachés au-dessous par des terrains
» secondaires plus modernes. »

Et dans cet article, les auteurs terminent en faisant un rapprochement entre la composition des parties supérieures des terrains houillers d'Autun, de Villé, de Sarrebruck et de Littry (Calvados), ce qui s'accorde aussi avec la description donnée par M. de Caumont de ce dernier bassin, dans la statistique géologique du Calvados.

Enfin je dois encore transcrire l'opinion d'un savant géologue praticien, M. Fournet, extraite d'un mémoire sur l'extension du terrain houiller.

Opinion de M. Fournet.

M. Fournet, ingénieur, se prononce hardiment comme suit sur cette question si importante :

« Si des couches houillères sont disposées de manière à
» s'enfoncer ostensiblement sous celles d'une autre forma-
» tion, on est en droit d'admettre que la réapparition des
» premières, à l'autre extrémité de celles-ci, est la consé-
» quence d'une prolongation souterraine parfaitement con-
» tinue. Cette liaison a toujours été admise sans contesta-
» tion pour les autres terrains. Il est, par exemple, reçu
» que le système crétacé qui apparaît en Champagne, s'étend
» sans solution de continuité sous le sol tertiaire de Paris et
» vient de nouveau affleurer sur les côtes de Normandie. De
» même les étages jurassiques, qui se relèvent dans les
» montagnes Subalpines avec des caractères identiques à
» ceux qu'ils possèdent sur les flancs de la chaîne Cévénole,
» ont toujours été regardés comme faisant partie d'un
» même ensemble, malgré les superpositions des terrains
» néocomiens et tertiaires qui remplissent la cavité du bassin
» du Rhône.

» Aucun fait n'étant venu démontrer que ce théorème
» n'est pas vrai pour la formation houillère, on est auto-

» risé à avancer que les couches d'Alais, par exemple, » sont liées aux masses qui percent au jour à Toulon, » dans le département du Var. Sans doute elles auront pu » s'amincir, s'appauvrir, se modifier plus ou moins dans » le sens de cette étendue ; mais ces sortes de changements » qui se font aussi remarquer dans les divers calcaires, dans » les bancs de grès et d'argiles, n'empêcheront pas le mi- » neur de reconnaître son terrain et, de ses apparitions » simultanées, sur deux rives opposées, d'une même conca- » vité, il déduira naturellement l'intimité *d'une connexion* » *souterraine* (1). »

Ces idées, d'un géologue mineur, s'accordent tellement avec les miennes, que j'ai été heureux de découvrir tout dernièrement ce passage d'un mémoire de M. Fournet, qui vient corroborer les idées que j'avais déjà émises dans mon premier travail sur l'extension des bassins houillers au-dessous des terrains qui leur sont supérieurs

Exemple : la zône du Nord.

M. Fournet eût pu citer à l'appui de son théorème l'exemple si frappant de l'enfoncement régulier de la zône carbonifère du Nord, au-dessous des terrains crétacés du Pas-de-Calais (dits morts-terrains par les mineurs de la Belgique et du Nord), et leur réapparition en Angleterre après avoir traversé la Manche et les formations crétacées du Sud de l'Angleterre.

Exemple : le bassin de la Sarre sous la Moselle.

Il eût pu citer l'enfoncement du bassin de Sarrebruck au-dessous des terrains supérieurs de la Moselle, bassin qu'on recherche aujourd'hui encore plus à l'Ouest.

Exemple : à Littry.

Il eût pu citer aussi l'enfoncement du premier bassin de

(1) Extrait du *Bulletin de la Société de l'Industrie minérale* (1re année).

Littry, se glissant, par une succession de bassins adjacents, sous les terrains triasiques et jurassiques du Calvados.

Exemple tout récent aux mines de Lamure (Isère).

Je dois à cette occasion citer un fait nouveau qui m'a été révélé par une brochure que M. Roger, ingénieur en chef des mines à Rouen, a bien voulu me confier, et qui m'a d'autant plus intéressé qu'elle a trait à un gisement houiller que je connais particulièrement pour l'avoir exploité moi-même aux environs de Lamure (Isère), dans les parties supérieures en partant des affleurements.

Il résulte de ce document, qu'un sondage de 54m75 a atteint, dans la plaine de Villarret, au-dessous des alluvions, les couches exploitées au Peychagnard, à 1,200 mètres d'altitude.

Ce fait démontre l'extension assez considérable d'un bassin houiller important.

Les bassins houillers à découvrir en France, sont au moins égaux à ceux déjà découverts.

En résumé, un grand nombre d'exemples de ce genre pourraient être cités et, pour ma part, j'ai la conviction que les bassins carbonifères et houillers à découvrir en France, au-dessous des formations supérieures, sont au moins égaux, s'ils ne dépassent ceux déjà découverts en partant des points d'affleurement.

En effet, en jetant un coup d'œil rapide sur la grande carte géologique de France, il est facile de se convaincre qu'à l'exception du *plateau central et de la presqu'île de Vendée et Bretagne* que j'ai déjà cités, presque tout le reste de la France, (soit environ les 2/3) est recouvert par les terrains secondaires, tertiaires et quaternaires, c'est-à-dire par des terrains sédimentaires dont les couches sont encore horizontales sur environ la moitié de cette contrée.

Or, cette même carte démontre qu'en tous les points où apparaît le terrain houiller, cette formation est en contact avec les terrains anciens granits et gneiss et avec les roches schisteuses et les calcaires carbonifères des terrains de transition. Si donc, par la pensée, on supposait enlevée toute la partie sédimentaire supérieure aux terrains houillers, comme si l'on faisait disparaître une enveloppe recouvrant des objets précieux, on verrait très-probablement la surface carbonifère de la France s'accroître de moitié, au moins.

Surface du terrain houiller de France comparée à celle du terrain houiller d'Anglèterre.

D'après les auteurs de la description géologique de la France, tome Ier, page 502, la surface houillère de l'Angleterre est de... 1,572,641 hectares
et celle de la France n'est que de............ 280,071 »

Différence en moins 1,292,570 »

Mais on doit remarquer qu'en Angleterre, à l'inverse de la France, les terrains primitifs et paléozoïques occupent plus des 2/3 de la surface, d'où il résulte que pour avoir une comparaison exacte, il faudrait tenir compte de cette différence.

Il résulte évidemment de ces observations, que les terrains carbonifères, non apparents en France, sont au moins égaux à ceux déjà connus, et le temps est certainement venu de s'occuper sans relâche de la recherche des richesses enfouies sous les formations supérieures.

Beaucoup de travaux, il est vrai, tels que sondages et puits de recherche, ont déjà été entrepris dans le but d'atteindre des gisements houillers sous-jacents, mais je démontrerai dans les chapitres suivants, qu'aucun de ces travaux n'a été poussé assez profondément pour donner le moindre résultat.

Si je me suis ainsi étendu sur le prolongement des bassins carbonifères et houillers au-dessous des terrains supérieurs, c'est que précisément ce point important sert de base au système de coupes qui constitue la partie principale de mon travail.

Je vais maintenant passer à l'analyse succincte des autres formations supérieures.

Terrains triasiques et formations du grès des Vosges, Zechstein, grès rouge

Trias T — Grès des Vosges V — Zechstein Z — Grès Rouge R.

Dans cette étude d'ensemble je crois devoir comprendre toutes les formations géologiques qui, sur le tableau ou légende de la carte de France, sont comprises entre la base des terrains jurassiques ou grès infraliasiques et le terrain houiller, et désignées sous les dénominations de *terrains du trias, grès des Vosges, Zechstein* et *grès rouge.*

Ce qui me conduit à agir ainsi, c'est l'opinion de M. de Caumont dans sa topographie géognostique du Calvados rapprochée de celle de la description de la carte géologique de France.

M. de Caumont, en traitant la question des terrains du trias et des terrains houillers, compare les *marnes irisées red-marle* et *calcaire dit magnésien* à la formation du *grès des* Vosges et *du tolde Liegende* des Anglais en disant : « la » partie la plus ancienne du Red-Marle, *Magnesian Limes-* » *tone des Anglais* pourrait bien représenter le *tolde Lie-* » *gende*, et, d'après les observations de M. Hérault et de » M. Lamare, elle se lie quelquefois aux terrains houillers. » Le reste de la formation répond, selon toute apparence, » au grès bigarré, et peut-être dans quelques *lieux aux* » *marnes irisées des Vosges et de la Lorraine.* »

Du rapprochement entre les roches traversées par les puits de Littry, et les roches qui recouvrent le terrain houiller de la Sarre.

Cette observation, au point de vue de la question qui nous occupe, est très-précieuse.

En effet, en étudiant à Littry la collection des roches traversées par le nouveau *puits de Fumichon ou puits n° 2*, qui a traversé 263 mètres de terrains dits triasiques avant d'atteindre le terrain houiller, j'ai reconnu de l'analogie avec le trias grès des Vosges et grès rouge que j'ai été à même d'étudier aux environs de Belfort, à Basse-Evette, dans la vallée de Belfort à Giromagny, où des sondages ont été faits dans l'espoir de rencontrer le prolongement du *bassin houiller de Ronchamps.*

Sondages faits à Littry (Calvados) et dans la Moselle ; sondages de l'Hôpital.

Si l'on jette un coup d'œil sur les tableaux des sondages faits à Littry (Calvados) et dans la Moselle, sondages de l'Hôpital, de Stiring et autres, on remarque qu'ils ont traversé entre 30, 45 et 50 mètres de grès des Vosges et grès rouge avant d'atteindre le terrain houiller.

Sondages à Littry (Calvados) à la naissance du terrain houiller.

Sondage exécuté par la maison Degousée, peu loin de l'affleurement du terrain houiller :

1° Terrains modernes alluvions et diluvium	30m	33
2° Terrain pénéen grès rouge (new red sandstone)	13	17
3° Terrain houiller	16	82
4° Terrain primitif argilophyres	12	65
Ensemble	72	97

Sondage de l'Hopital (Moselle).

Sondage exécuté par la maison Degousée en un point ou le bassin houiller de Sarrebruck plonge sous les formations supérieures :

1° Grès vosgien à partir du sol		127m 20
2° Grès rouge	de 127,20 à	175 50
3° Terrain houiller rencontré à		175 50

Ce sondage, approfondi jusqu'à 420 mètres, a coupé 18 veines ou veinules de houille dont 10 exploitables et présentant ensemble une puissance de 7 mètres 29 de combustible, ce qui dénote un terrain très-riche.

Ces deux sondages comparés présentent ce fait remarquable : c'est qu'à Littry, de même que dans la Moselle, un banc de grès rouge précède le terrain houiller, ce qui vient corroborer ce que dit M. de Caumont dans sa topographie du Calvados, pag. 149 et 150, passage que j'ai transcrit plus haut.

Il résulte pour moi, de cette comparaison, que le terrain houiller de Littry ne serait autre chose que la naissance, sous forme de pointe, d'un coin allongé du terrain houiller de la Moselle et de la Sarre ; terrain qui suivrait les inflexions de la grande vallée que je décrirai plus loin, sous forme de carène de navire, se relevant à Sarrebruck à l'Est, et à Littry à l'Ouest.

Pour compléter la description succincte de cette zône houillère, je dois donner également l'analyse de deux autres sondages exécutés dans le département de la Moselle :

SONDAGE ENTRE VIEILLE VERRERIE ET PETITE ROSSELLE.

NATURE DES TERRAINS TRAVERSÉS	ÉPAISSEUR	ÉPAISSEUR des couches de HOUILLE	ÉPAISSEUR des couches de HOUILLE des 2 sondages
Grès des Vosges	37.33		
Grès houiller	29.20		
Argiles Schisteuses	28.18		
Schistes houillers	27.28		
Houille	**1.95**	**1.95**	
Grès et schistes houillers	6.80		
Houille	**0.11**	**0.11**	
Grès houiller	1.75		
Houille	**0.20**	**0.20**	
Grès schisteux	0.89		
Grès houiller	4.76		
Houille	**0.72**	**0.72**	
Grès houiller	26.31		
Houille	**2.43**	**2.43**	
Schiste houiller	0.20		
Houille	**1.59**	**1.59**	
Grès houiller	14.13		
Houille	**4.46**	**4.46**	
	188.29	**11.46**	**22.60**
	Moyenne		**11.30**

SONDAGES FAITS DANS L'INTÉRIEUR DE L'USINE DE STIRING.

NATURE DES TERRAINS TRAVERSÉS	ÉPAISSEUR	ÉPAISSEUR des couches de HOUILLE
Grès des Vosges	57.57	
Grès houiller	121.23	
Alternances de schistes et grès houiller	17.16	
Houille	**0.26**	**0.26**
Schistes houillers	2.42	
Houille en 2 bancs séparés par 0.28 de schistes	**1.92**	**1.64**
Grès et schistes, veines de houille	1.57	
Houille	**0.14**	**0.14**
Schistes houillers	4.86	
Houille	**1.35**	**1.35**
Shistes houillers	0.72	
Houille	**2.23**	**2.23**
Grès	3.26	
Houille	**0.35**	**0.35**
Grès houiller	17.04	
Houille	**1.30**	**1.30**
Grès houiller	26.79	
Houille	**0.53**	**0.53**
Grès	13.33	
Houille	**2.37**	**2.37**
Grès	0.54	
Houille en 2 bancs séparés par 0.44 de schistes	**1.41**	**0.97**
Grès et schistes houillers	16.63	
	324.98	**11.14**

Sur quoi une moyenne exploitable de plus de 10 mètres, ce qui constitue une grande richesse.

Ces différents rapprochements démontrent qu'à Littry la formation du grès des Vosges et grès rouge peut bien être confondue avec la formation triasique; car dans une analyse des Voges et de la Sarre, je trouve le passage suivant :

« Le terrain houiller de la Sarre et de la Moselle qui se » rattache au massif des Vosges (Villé-St-Hyppolite, Hury, » Lalaye, Bonchamp, etc.), disparaît sous les grès rouges » vosgiens ou triasiques. »

Il était indispensable de faire le rapprochement de tontes ces formations, pour démontrer la corrélation qui existe entre le bassin de la Sarre et celui de Littry.

PÉRIODE JURASSIQUE

Période jurassique j — Supérieur du système oolitique j^{3} — Moyen j^{2} — Inférieur j^{1} — Calcaire à gryphée arquée j^{1} — Grès infraliasique j^{11}

Il serait beaucoup trop long, dans ce travail, d'analyser chacune des tranches ou assises de la formation jurassique. Je dois donc me borner à envigager cette formation sous un point de vue d'ensemble, en faisant remarquer son importance et sa régularité relatives. Pour cela je reprends la planche I, qui démontre par une teinte bleue les trois ceintures jurassiques qui se montrent en France et en Angleterre sous la Forme d'un 8 à trois branches :

De la forme affectée par les dépôts jurassiques, tant en France qu'en Angleterre.

La branche du Sud enveloppant le plateau central granitique de la France ;

La branche du Centre enveloppant le bassin parisien crétacé et tertiaire ;

La branche du Nord enveloppant le bassin de Londres.

D'après la coupe théorique jointe à ce plan, j'indique les ondulations sur un plan vertical, depuis les montagnes du Jura jusqu'au nord de l'Angleterre, c'est-à-dire jusqu'aux points où la formation carbonifère plonge sous les formations triasique et jurassique.

Sur cette même coupe on remarque une protubérance centrale connue des géologues sous le nom de *boutonnière jurassique du pays de Bray*. Cette proéminence, d'une altitude de 230^{m} et qui attire constamment l'attention des géologues, a cela de remarquable, surtout, c'est qu'elle existe au point qui était anciennement un bas-fond.

En effet, les auteurs de la description géologique de la France, en parlant du pays de Bray, s'expriment comme suit, tome 2me, page 602.

« Les couches ont été soulevées dans une partie de leur » étendue pour former le noyau du pays de Bray, après » avoir été déposées dans un bras de mer dont le pays de » Bray occupe l'ancien centre. »

Si l'on compare ce sommet jurassique au point le plus bas du bassin parisien atteint par les puits artésiens de Paris, on reconnaît que le pays de Bray représente une véritable montagne.

Différence de niveau entre le fonds du bassin Parisien et le sommet du pays de Bray. — Sondage artésien de La Chapelle.

En effet, comme on le sait, le puits artésien de Grenelle, d'une profondeur de 547^{m} n'a pas atteint la formation jurassique; un nouveau forage en voie d'exécution à l'extrémité Est de Paris, à La Chapelle, et qui vient d'atteindre une profondeur de 680^{m}, rencontre en ce moment la partie inférieure de la craie désignée sous le nom de *gault*, assise qui précède les grès verts ou assise néocomienne qui donne les eaux jaillissantes.

Pour atteindre le terrain jurassique, ce sondage de... 680m
devrait être foncé encore d'environ.................................. 120m

Ce qui porterait à................ 800m

environ la profondeur voulue pour atteindre la formation jurassique qui, dans le pays de Bray, se montre à une altitude de 230m.

Si l'on retranche des 800m, 30m environ, représentant l'altitude de La Chapelle, on aurait pour profondeur, au-dessous du niveau de la mer, une hauteur en — de........ 770m
et dans le pays de Bray, on a une hauteur en + de........ 230m

Ce qui représente en définitive une différence de niveau de.. 1.000m

Pendant un séjour à Paris, en février, je suis allé visiter le sondage de La Chapelle avec l'un des entrepreneurs, M. Mauget, et j'ai pu recueillir un échantillon de marne argileuse que M. de Lapparent désigne sous le nom de *gaise*, dans sa notice sur le pays de Bray. (*Bulletin de la Société géologique de France*, T. XXIX).

Ce terrain de gaise rencontré dans le puits de La Chapelle et reconnu dans le pays de Bray, vient bien encore à l'appui de ce que je disais plus haut, en citant l'opinion de M. Fournet, sur la régularité et la continuité des terrains.

Comme on le voit, le dôme jurassique du pays de Bray est bien digne de fixer l'attention des géologues, dont il est devenu en quelque sorte le point de mire sous beaucoup de rapports.

Je voulais seulement signaler, ici, ce fait d'un dôme isolé du terrain jurassique sur lequel je reviendrai plus loin, au moyen des coupes que j'ai dirigées de ce côté.

Points remarquables de la formation jurassique au Havre, Bléville, Octeville. — Emploi des argiles du Kimmeridge et du banc de calcaire hydraulique.

D'autres points remarquables de la formation jurassique et qui, comme nous le verrons plus loin, ne sont que l'épanouissement du pays de Bray, se rencontrent au Havre, au pied des falaises de la Hève et le long des falaises de Bléville jusqu'à Octeville, où la formation des argiles du Kimmeridge est exploitée, comme argiles propres à faire d'excellents produits de céramiques et où un banc de calcaire, connu par les ouvriers sous le nom de banc de plomb, est employé comme calcaire argileux à la fabrication d'une excellente chaux hydraulique.

C'est ici qu'il convient de parler d'un sondage fait au Havre.

Du sondage du Havre.

En 1830, sur la place du théâtre, près du magasin actuel des décors, fut entrepris un sondage qui, après avoir traversé 18^{m} d'alluvions modernes, rencontra les assises supérieures du terrain jurassique, dites argiles kimmeridiennes, à 11^{m} au-dessous du niveau de la mer et à 17^{m} au-dessous du point où ces mêmes argiles se montrent à la surface du Cap de la Hève.

Le sondage du Havre poussé jusqu'à la profondeur de 208^{m} semble avoir pénétré jusque dans l'étage jurassique désigné sous le nom d'étage oxfordien caractérisé par les argiles de Dives.

Un niveau géologique très-important, comme nous le verrons plus loin, est indiqué par un fossile connu sous le nom de *gryphée virgule* ; ce niveau est généralement désigné sous le nom de niveau des lumachelles à virgula.

Adoptant au Cap de la Hève, pour ce niveau, celui de la mer, et c'est à ce niveau qu'il se rencontre le plus généralement, nous avons donc pour repère au Cap de la Hève 0^m00 et pour repère dans le sondage du Havre 11^m ; nous reviendrons plus loin sur ces niveaux, quand nous aurons constaté la présence des lumachelles à vergula sur d'autres points, c'est-à-dire, dans le pays de Bray, dans le puits de Meulers et dans les sondages de Rouen, ce qui permettra de faire une coupe indiquant d'une manière nette et précise la forme de l'assise à virgula dans toute l'étendue du département de la Seine-Inférieure.

Coupe du pays de Bray par M. de Lapparent.

Je dois signaler ici Pl. III, Fig. 9, une coupe du pays de Bray, dressée par M. de Lapparent, T. XXIX du *Bulletin de de la Société géologique de France*, s'étendant jusqu'à Rouen et que dans ma première notice j'avais déjà prolongée jusqu'au Havre ; cette coupe, dont j'ai triplé l'échelle des hauteurs, démontre une faille importante sur la rive gauche de la Seine vers la forêt de Rouvray.

De l'étendue de la protubérance du pays de Bray.

La protubérance du pays de Bray prend sa naissance à St-Germain-la-Poterie (Oise), acquiert son plus grand développement et sa plus grande hauteur au Nord-Est de Gournay, à St-Michel-d'Halescourt et se prolonge jusqu'à Neufchatel, en suivant le cours de la rivière la Béthune. Dans ses coupes, M. de Lapparent signale des dalles horizontales de lumachelles à gryphée virgula au niveau de 120^m, dans une dépression du sol comprise entre les monts Bernard, au Sud-Ouest, d'une altitude de 224^m et du sommet de Bray, au Nord-Est, d'une altitude de 230^m ; voilà donc un troisième niveau géologique pour la coupe projetée.

Maintenant, il convient de parler d'un puits de recherche pour la houille exécuté de 1795 à 1805 entre les communes de St-Nicolas-d'Aliermont et Dampierre, à Meulers, à 15 kilomètres à l'Est de Dieppe au-dessous de la Forêt d'Arques.

A cette époque, les couches de la zône carbonifère du Nord, entre Mons et Valenciennes étaient supposées prendre leur direction vers Dieppe; à cette époque, il est vrai, la science géologique était loin d'avoir atteint le degré auquel elle est parvenue aujourd'hui, c'est ce qui explique pourquoi on s'était lancé dans cette entreprise en l'absence des renseignements si précis aujourd'hui des terrains jurassiques.

Puits de Meulers. — Description conforme à la description de la Carte de France, tome 2, page 600.

Les terrains traversés par ce puits sont :

1° Terre végétale	1,624
2° Argiles plastiques, lignites, pyrites et sables	24,363
3° Craie blanche, craie Tufeau, craie chloritée	74,713
4° Argiles, marnes, luchamelle, marnes pyriteuses	76,338
5° Calcaire coquiller, spathique avec calcaire pyriteux	34,758
6° Marnes argileuses dures ou calcaires compactes	15,592
Niveau du terrain jurassique, lumachelle à gryphée virgula	227,388
7° Calcaire spathique lamelleux et coquiller alternant avec du calcaire compacte	24,363
8° Argiles grises avec couches de calcaire grenu à grains fins tantôt compactes, tantôt spathique ou coquiller	24,363
9° Marnes argileuses dures, grises, coquillères alternant avec des argiles noires feuilletées, un peu schisteuses	11,369
10° Calcaire argileux grenu et calcaire à grains spathiques avec grands fragments de coquilles	23,348
11° Argile et calcaire argileux compacte	22,360
	333,191

Tels sont les terrains traversés par ce puits, qui n'a pas atteint dans la formation jurassique le tiers de la profondeur voulue pour arriver à un résultat.

Comparaison entre les résultats acquis par le puits de Meulers et le sondage du Havre.

En effet, ce puits n'a pénétré dans les terrains jurassiques que d'une quantité de	105 81
Tandis que le sondage du Havre y a pénétré de	190 —
Différence en faveur de ce dernier sondage	84 19

Les auteurs de la description géologique de la France, en parlant du niveau de 227m des lumachelles à gryphées virgules, s'expriment ainsi, tome 2, page 602.

Observations sur les gryphées virgules.

« Les couches à gryphées virgules du puits de Meulers et
» du pays de Bray, ressemblent complètement à celles qui
» se montrent au pied des falaises de la Hève et à Honfleur,
» et on peut regarder comme très-probable qu'elles s'y
» rattachent directement au-dessous des terrains crétacés
» qui forment les falaises du pays de Caux. »

Voilà encore un exemple frappant de la continuité des terrains.

Erreur commise au puits de Meulers.

Il importe de dire ici que pour l'exécution du Puits de Meulers, on avait été tenté par la similitude de la surface avec celle des terrains crétacés dits mort terrains qui recouvrent la formation carbonifère du Nord, et on ne s'était pas rendu compte, comme on l'a fait depuis, que la formation jurasssique qui recouvrait primitivement la zône carbonifère comme cela a lieu dans le Boulonnais, avait été enlevée par un cataclysme dont je dirai quelques mots plus loin, en parlant des dislocations de la zône carbonifère du Nord.

Après avoir étudié le niveau des lumachelles à virgula :

1° Dans le pays de Bray,

2° Dans le puits de Meulers qui a rencontré l'épanouissement du dôme jurassique à 227m,

3° Dans le sondage du Havre,
4° Au pied des falaises de la Hève et à Honfleur.

Rouen est un pays de Bray en petit.

Il me reste à signaler un point intermédiaire très important. Le soulèvement ou l'épanouissement du pays de Bray, signalé à Rouen par l'apparition des terrains crétacés inférieurs, s'étendant de la côte Ste-Catherine, à l'Est, jusqu'au mont Riboudet, à l'Ouest, soulèvement qui a fait dire à M. Passy que Rouen est *un pays de Bray en petit.*

Et en effet des sondages faits, l'un à Martainville, l'autre à Sotteville ont démontré la présence du kimmeridien avec la gryphée virgula à une profondeur de 30 à 40^{m}, ce qui indique d'une manière précise les ondulations affectées par le terrain jurassique entre le pays de Bray et Rouen et entre Rouen et le Havre comme nous le verrons plus loin sur une coupe d'ensemble.

Il convient de donner ici l'analyse des terrains traversés par ces deux sondages.

1er Sondage de Martainville.

Les terrains traversés par celui de Martainville sont :

1° Terrains superficiels.....................	13.31	41.98
2° Sables et argiles du grès vert........	28.67	
(à 41.98 on a rencontré le kimmeridien avec virgula.)		
3° Le kimmeridien a été traversé sur	129.14	
Ensemble...............	171.12	

2me Sondage de Sotteville.

En 1849, sur les indications de M. de Saint-Léger, ingénieur en chef des mines, un sondage fut entrepris à Sotteville ; les terrains qui ont été traversés sont :

1° Alluvions	9.25	27.20
2° Terrains crétacés	17.95	
(à 27.20 on a atteint le kimmeridien avec virgula.)		
3° On a pénétré dans le terrain jurassique de	300.17	
Profondeur totale.	327.37	

à cette profondeur de 327m 37 la sonde rencontra une faille, et une source abondante d'eau salée qui donna lieu à des procès et força d'abandonner ce sondage.

De tous les travaux entrepris jusqu'alors dans le département de la Seine-Inférieure pour atteindre les terrains paléozoïques, c'est évidemment le sondage de Sotteville qui approcha le plus près du but, quoiqu'il en fût bien loin encore, comme nous le verrons par la suite de ce travail.

Mais cet historique abrégé est précieux, car il démontre qu'en 1849 *un ingénieur en chef des mines* avait déjà le pressentiment que Rouen devait se trouver dans une zône carbonifère, comme je le démontrerai plus loin.

Les terrains houillers se glissent presque toujours sous les formations triasique et jurassique.

Il ne me reste plus, pour compléter cette description succincte de la période jurassique, qu'à faire remarquer que presque tous les bassins houillers de France et même d'Europe plongent ostensiblement sous les formations triasique, liasique et jurassique.

A Cracovie.

Ainsi, en commençant par l'Est, les bassins des environs de Cracovie disparaissent sous les terrains triasique et jurassique.

A Sarrebruck.

A Sarrebruck, le terrain houiller, en plongeant sous le

département de le Moselle, disparaît de l'Est à l'Ouest, sous le grès des Vosges, d'abord, et sous le terrain triasique, et plus loin, à l'Ouest, sous les différentes assises de la formation jurassique.

A Littry.

Il en est de même à Littry, mais dans le sens inverse, c'est-à-dire de l'Ouest à l'Est.

Dans le Nord.

Dans le Nord de la France, comme je l'ai dit plus haut, le terrain jurassique a été enlevé par un cataclysme ; mais à Boulogne, où il est resté un lambeau important de la formation jurassique, le terrain carbonifère d'Ardinghen plonge ostensiblement sous la formation jurassique.

En Angleterre.

Il en est de même en Angleterre, mais également comme à Littry, en sens inverse, comme le démontre une coupe géologique transversale de Murchison, dont je parlerai au Chapitre II.

Dans le midi de la France, à la Grand'Combe (Gard).

Il en est de même aussi dans le Midi de la France, comme j'ai été à même de l'étudier lorsque je m'occupais de la topographie du bassin houiller de la Grand'Combe près Alais. Le terrain houiller plonge sous l'assise inférieure du terrain jurassique, ou calcaire à gryphées arquées, dans lequel j'ai récolté souvent des échantillons de ce fossile.

A Lamure (Isère).

J'ai souvent observé le même fait à Lamure (Isère), lorsque je m'occupais de l'exploitation et de la topographie du bassin du Peychagnard.

Il en est de même, enfin, dans une infinité d'autres localités qu'il serait trop long d'énumérer ici.

Ces exemples suffisent pour démontrer que, dans presque toutes les recherches de houille, en des points éloignés des affleurements, il faut toujours s'attendre, sauf les cas exceptionnels, comme dans le Nord et une grande partie du Pas-de-Calais, à traverser les formations triasique, liasique et jurassique avant d'atteindre les formations carbonifères.

PÉRIODES CRÉTACÉE, TERTIAIRE, QUATERNAIRE. ALLUVIONS.

Ce que j'ai dit plus haut, concernant le puits de Meulers, me dispense, en quelque sorte, de m'étendre davantage sur les formations des périodes supérieures qu'on doit, autant que possible, éviter de traverser, sauf bien entendu dans les départements du Nord et du Pas-de-Calais, afin d'arriver aux formations houillères et carbonifères.

De la régularité des formations supérieures, de laquelle on peut déduire la régularité des formations inférieures.

Ce que je désire faire remarquer, seulement, c'est la régularité avec laquelle les formations crétacées supérieures et inférieures qui entourent le bassin de Paris, au-dessus des formations jurassiques, et qui entourent cette même formation dans le pays de Bray, se retrouvent sur les côtes de la Manche, entre Boulogne et le Havre, d'où elles plongent sous ce bras de mer pour apparaître de nouveau sur les côtes Sud de l'Angleterre, ce qui est complètement d'accord avec le témoignage de M. Fournet, que j'invoquais plus haut, et me fait dire qu'il n'y a pas de raison pour que les formations houillères et carbonifères ne se prolongent pas avec cette même régularité au-dessous de ces formations supérieures si étendues, en tenant compte, bien entendu, des amincissements partiels et des renflements qu'on observe dans les autres localités, c'est-à-dire, soit à l'état de zônes plus ou moins continues comme la zône carbonifère du Nord, soit à l'état de bassins circonscrits, mais se succédant de proche en proche, comme cela s'observe pour certains bassins qui se succèdent en forme de chapelets sur le plateau central de la France.

Ayant ainsi analysé les principales formations qui accompagnent le plus souvent les terrains carbonifères et houillers, je vais passer au chapitre II.

CHAPITRE II

De l'étude spéciale, au point de vue de leur puissance, des formations jurassique, liasique, triasique et carbonifère, dans les centres qui nous occupent.

Des difficultés que présente l'évaluation exacte de l'épaisseur des formations géologiques.

L'épaisseur des couches géologiques ci-dessus énoncées, n'est pas chose facile à évaluer d'une manière complètement satisfaisante. Aussi voit-on les géologues, même les plus distingués, ne pas être parfaitement d'accord entre eux sur la puissance de ces formations.

C'est qu'en effet, souvent les calculs les mieux assis ne conduisent pas toujours à la réalité.

Ainsi, dans les deux sondages ou puits artésiens dont j'ai parlé au chapitre précédent, à Grenelle et à La Chapelle, à une si faible distance l'un de l'autre, le premier à atteint les sables verts aquifères à 547^{m} ; le deuxième est encore dans le gault, c'est-à-dire, dans les parties inférieures de la craie, à 680^{m}, et il n'atteindra guère les sables verts à moins de 700^{m}, ce qui présente une différence de plus de 150^{m} sur une aussi faible distance et sur une différence de niveau d'environ 30^{m} entre les deux orifices.

On ne doit donc s'attendre qu'à une approximation dans de semblables évaluations.

Pour arriver à connaître le plus exactement posssible l'épaisseur des terrains supérieurs aux formations carbonifères, j'ai analysé les coupes faites, tant en France qu'en Angleterre, par les géologues qui ont étudié ces terrains, et j'ai exécuté à l'aide de tous les documents que j'ai pu me procurer jusqu'à ce jour, deux coupes générales et dix coupes partielles dont je vais indiquer succinctement le but, en les faisant passer sous les yeux de la Commission.

PLANCHE III, FIG. 3, COUPE N° 1.

Evaluation de l'épaisseur du terrain jurassique sur les côtes de la Manche.

Cette coupe, recueillie sur le diagramme des falaises de la Manche, depuis Honfleur jusqu'à Port-en-Bessin par M. Lennier, conservateur du Musée d'Histoire Naturelle, au Havre, comparée aux travaux de M. de Caumont, sur la géologie du Calvados, a pour but de réuuir en un seul faisceau, entre Honfleur et Trouville, la puissance totale des terrains jurassique et liasique auxquels j'ai ajouté le terrain triasique, d'après les observations que j'ai pu faire aux mines de Littry, et j'ai trouvé, pour l'épaisseur moyenne de ces différentes formations, une puissance de.............................. 720m

et dans la visite que j'ai faite, à la fin d'Octobre dernier, à M. E. de Beaumont, qui habite pendant les vacances une propriété au centre de ces formations, propriété protégée des vents du Nord par une colline assez élevée composée des argiles de Dives, ayant constaté que ces argiles sont variables dans leur puissance, j'ai cru devoir ajouter une épaisseur de 100m pour parer aux éventualités.. 100m

ce qui donne pour ces formations dans le Calvados aux environs d'Honfleur une puissance moyenne de........... 820m

Premier aperçu des mines de Littry. — Epaisseur du trias.

Pour compléter cette coupe, je dois dire quelques mots sur ce qui se passe en ce moment aux mines de Littry où les deux puits n° 1 et n° 2, dits de Fumichon, ont traversé, le puits n° 1, 150^{m} de trias, le puits n° 2, 180 mètres de trias avant d'arriver au terrain houiller; la couche de houille a été atteinte à une profondeur de 210 à 250^{m} avec une inclinaison moyenne de 9 centimètres par mètre variant entre Est-Nord-Est, la puissance de la couche varie entre 1^{m} et 1^{m} 10.

PLANCHE III, FIG. 4, COUPE 2.

Cette coupe a pour but de démontrer, du côté Ouest, ce qui se passe aux mines de Littry dans les puits n° 1 et n° 2 et les relations qui existent entre cette exploitation et celle du Plessis dans la Manche, concession abandonnée en ce moment, mais où le terrain houiller a été exploité anciennement dans les affleurements qui semblent appartenir au même bassin ou à une suite de bassins se succédant, et qui, d'après l'exploitation actuelle de Fumichon, semblent aquérir de l'importance dans la profondeur.

Reproduction du résultat de la coupe n° 1, à Honfleur.

Cette coupe, en revenant vers l'Est, démontre à Honfleur ce que j'ai indiqué au moyen de la coupe précédente, c'est-à-dire une puissance de 820^{m} pour les trois formations jurassique, liasique et triasique.

Sondage de Sotteville (Rouen).

Plus à l'Ouest, se trouve le sondage de Sotteville à Rouen qui a pénétré de 300^{m} dans le terrain jurassique.

Sommet du Pays de Bray.

Au centre de cette coupe figure le sommet du pays de Bray, avec plusieurs indications de profondeurs pour arriver au terrain houiller, suivant la position qu'on donnerait aux travaux de sondage.

Sondage de Lacheux (Somme).

Plus à l'Ouest encore, figure un sondage pour rechercher des eaux jaillissantes, à Lacheux (Somme). Ce sondage a atteint le terrain jurassique à la profondeur de 147^{m} 64.

Coupe perpendiculaire à l'inclinaison.

Vient ensuite une coupe perpendiculaire à l'inclinaison des couches et présentant pour l'ensemble des trois formations une moyenne de 950^{m}.

Coupe d'après M. Sauvage.

Plus à l'Ouest encore, une coupe d'après M. Sauvage, extraite de sa statistique minéralogique et géologique des Ardennes, 1842, page 98, et présentant pour toutes les formations, non compris le grès des Vosges, une puissance maximum de 1160^{m}.

Position des mines de Sarrebruck en projection, et sondage de l'Hopital (Moselle).

Et enfin les affleurements du terrain houiller de Sarrebruck avec indication d'un sondage dit de l'Hopital, département de la Moselle, sondage qui, comme nous l'avons déjà vu, a atteint une profondeur de 420^{m} et traversé une puissance houillère exploitable de 7^{m} 29, ce qui constitue une très-grande richesse.

Cette coupe n° 2 établit donc d'une manière aussi exacte que possible, à l'aide des sondages et des coupes perpendiculaires à l'inclinaison, l'allure en profondeur des différentes formations supérieures aux terrains houillers.

PLANCHE III, FIG. 5, COUPE N° 3

Coupe de MM. Murchison, Ramsay et Ethridge.

Cette coupe transversale de l'Angleterre, empruntée à MM. Murchison, Ramsay et Etheridge, géologues anglais, donne pour puissance moyenne des formations jurassique, liasique et triasique 800^m, avec une inclinaison des couches s'accordant avec celles de nos formations sous le bassin de la Seine, du Havre à Rouen, du pays de Bray et Paris, pour se relever du côté des Ardennes.

Moyenne de puissance de ces différentes formations.

Rouen et le pays de Bray occupant à peu près le centre de ces formations et des points où les évaluations de puissance ont été faites, il s'en suit qu'on peut prendre une moyenne entre

La puissance trouvée dans le Calvados..................	820^m
La puisance moyenne trouvée dans les Ardennes..	950^m
La puissance maximum trouvée également dans les Ardennes..	1,160^m
Et enfin la puissance trouvée par la coupe Murchison	800^m
Ensemble.......................	3,730^m

Dont la moyenne est de 932^m 50, soit en nombre rond 900^m.

Ce chiffre de 900^m soumis à plusieurs géologues distingués, leur a paru une moyenne très-acceptable, pouvant se réduire de 100 à 150^m environ, suivant la position qui serait donnée à des sondages.

C'est ce chiffre de 900^m qui m'a servi de base dans les différentes coupes.

Ainsi, en étudiant avec soin la position d'un travail de sondage à exécuter, soit dans le pays de Bray, soit aux environs de Rouen ou du Havre, à l'aide des travaux géologiques spéciaux à ces contrées, on pourrait peut-être économiser une profondeur de 100m, ce qui porterait les sondages à faire à 800m en moyenne, pour atteindre les formations paléozoïques, et si une chance favorable conduisait la sonde sur un gisement houiller, la sagesse voudrait alors qu'on poursuivît résolument d'une centaine de mètres au moins, afin de bien constater la nature du gisement.

Quant à l'épaisseur du terrain houiller recherché, sa puissance est également très difficile à évaluer ; car généralement ces terrains, plus malléables que d'autres, si l'on peut s'exprimer ainsi, en raison des matières friables qu'ils contiennent, ayant été plus accessibles aux influences ou expansions de la croûte solide du globe, ont été plus ou moins tourmentés ; c'est ce qui rend leur puissance généralement variable.

De plus, la formation de ces terrains ayant eu lieu sur le versant des collines qui existaient alors, soit dans des vallées latérales plus ou moins profondes, soit dans des bassins circonscrits plus ou moins éloignés les uns des autres, on ne saurait, sur une aussi grande distance que celle qui nous occupe, préciser une épaisseur, comme on peut le faire pour les dépôts purement de sédiment.

Je crois, cependant, qu'on doit s'écarter peu de la vérité, en comprenant les formations carbonifère et houillère qu'on peut avoir l'espérance de rencontrer, pour une épaisseur de 1000m environ, dans la composition des terrains paléozoïques compris dans la grande vallée et les vallées latérales dont j'ai déja parlé, et c'est à l'aide de ces données que je vais, par des coupes longitudinales et transversales, faire en sorte, dans le chapitre suivant, de représenter la forme générale de ces formations.

CHAPITRE III

Déduction au moyen de la puissance constatée, de la forme du Bassin général sur lequel reposent les formations carbonifère et houillère, des dislocations des couches et de la recherche des parties faisant suite à tel ou tel bassin.

Avant de rechercher la forme du bassin sur lequel reposent les principaux gisements carbonifères dans les contrées qui nous avoisinent, il convient de dire quelque mots sur les soulèvements qui ont précédé, accompagné et suivi d'assez près les formations carbonifères.

De l'époque des différents soulèvements par rapport aux formations carbonifères

D'après le tableau chronologique dressé par M. Ch. d'Orbigny, indiquant l'âge relatif des différents systèmes de soulèvements de montagnes établis par M. Elie de Beaumont, les formations carbonifère, houillère et anthraxifère se trouvent intercallées entre le soulèvement du Hundsdruck et celui du Nord de l'Angleterre.

Et d'après le même tableau chronologique on reconnaît que les formations anthraxifère, carbonifère et houillère ont surtout été soumises à l'influence de quatre des plus anciens soulèvements à savoir :

Système de Hundsruck

Le système du Hundsruck qui a soulevé, tant à l'Est qu'à l'Ouest, le terrain cambrien des Ardennes et qui se trouve compris entre les deux formations anciennes, le dévonien et le silurien.

Système des Ballons

Le système des ballons compris entre le terrain dévonien et le terrain houiller est celui qui a creusé, entre les montagnes de transition du *Hundsruuk* et du *Taunus* et les ballons d'Alsace, la vallée dans laquelle se sont formés les importants gisements houillers de la Sarre et de la Moselle, vallée qui évidemment se prolonge à travers les terrains siluriens de la Normandie et du Finistère, en donnant lieu, avec les soulèvements du Morbihan et du Finistère, au col dit de Normandie, du Morbihan et du Cotentin.

Système du Nord de l'Angleterre et système du Forez

Le système du Nord de l'Angleterre entre les formations carbonifères et le terrain permien (ou grès rouge de M. d'Omalius) est évidemment le soulèvement qui, combiné avec celui du Forez, a redressé les terrains carbonifères du Nord de l'Angleterre et a donné à ces formations l'allure indiquée sur la coupe d'ensemble n° 5, dont je parlerai tout à l'heure.

Système des Pays-Bas

Le système dit anciennement du Hainaut, et aujourd'hui des Pays-Bas, a eu lieu entre le terrain permien grès rouge, et le grès vosgien ; c'est celui qui a disloqué la zône carbonifère du Nord. Comme je le démontrerai par la coupe n° 8, ce système de soulèvement est un des plus remarquables au point de vue de la grande dislocation qu'il a occasionnée dans le bassin carbonifère du Nord, dislocation qui se reconnaît aussi en Belgique, de même que dans le Pas-de-Calais et qui se prolonge jusque dans le pays de Galles et même en Irlande.

Il est facile déjà, par ce simple aperçu, de se rendre compte d'une manière approximative, de l'influence souterraine à laquelle ont été soumises les principales formations carbonifères qui nous occupent, et je vais, par une série de coupes dont j'ai déjà signalé quelques-unes, faire en sorte de démontrer ce qu'on peut espérer dans la Seine-Inférieure.

Plans adoptés pour les coupes

Pour plans des coupes 6, 7, 8, 9 et 10 qui seront décrites après la coupe générale n° 5, il me fallait adopter des lignes tracées sur la carte géologique de France, et comme les traces des différents cercles du réseau pentagonal, Belle-Ile, Finistère, Pays-Bas, Lands'End, s'accordent avec les directions que je désirais suivre, j'ai adopté naturellement ces lignes comme traces de mes plans de coupes ; j'ai adopté également des plans approximativement parallèles à ces traces comme dans les coupes 4 et 5 qui vont suivre.

PLANCHE III, FIG. 6, COUPE N° 4

Cette coupe, qui a pour point central Paris, est faite par un plan parallèle au cercle du réseau pentagonal T D b Finistère ; elle traverse la France du Rhin à Belle-Ile.

Elle traverse le bassin houiller de Sarrebruck et de la Moselle, passe par les départements de la Meuse, Marne, Seine, Seine-et-Oise, Eure-et-Loir, Orne, Sarthe, Mayenne, Ile-et-Vilaine, Morbihan, avec projection sur ce même plan des bassins houillers de Littry et de St-Pierre-Lacour.

Forme du bassin de Paris

Elle a pour but de démontrer la forme du bassin de Paris au moyen du sondage ou puits artésien de Grenelle et du nouveau sondage de la Chapelle, d'une profondeur de 680 mètres, dont j'ai déjà parlé.

Sondages de la Moselle

Cette coupe représente, à l'Est, deux sondages faits dans la Moselle, l'un à Stiring, l'autre entre Vieille-Verrerie et la

Petite-Roselle et dont les deux tableaux, page 34, indiquent les terrains traversés.

Comme on le voit, le terrain houiller qui plonge déjà sous le trias de la Moselle, s'avance de plus en plus vers l'Ouest, où il tend à disparaître sous les terrains jurassiques de la Moselle et de la Meuse et ainsi de suite. Ce qui s'accorde avec les dires de M. Fournet, dont j'ai donné communication page 27.

Profondeur probable du terrain houiller au-dessous de Paris

Au-dessous de Paris, le sondage de la Chapelle semble annoncer que la formation jurassique pourrait être atteinte vers la profondeur de 800^{m} ; en admettant, d'après ce qui a été dit plus haut, qu'au-dessous de ce point, les formations jurassique, liasique et triasique présentent une épaisseur de 8 à 900^{m}, le terrain houiller ne pourrait donc être atteint au-dessous de Paris qu'à une profondeur **de 16 à 1,700 mètres.** A l'Ouest de Paris, j'ai figuré *le bassin de St-Pierre-Lacour (Mayenne)* qui semble en apparence un bassin fermé, et auquel ont succédé d'autres bassins également fermés en apparence.

Extension du terrain houiller de St-Pierre-Lacour

Je dois, à cette occasion, citer un exemple dont j'ai été témoin moi-même en 1839, alors que j'étais ingénieur des travaux d'une mine importante de Maine-et-Loire. J'eus l'occasion de visiter la mine de St-Pierre-Lacour, qui, à cette époque, semblait toucher à sa fin dans le premier bassin découvert et assez circonscrit.

Mais, peu à peu, d'autres bassins se reliant au premier d'une manière insensible, ont été découverts, et cette mine qui, il y a 34 à 35 ans, semblait arriver à son épuisement, existe aujourd'hui plus florissante que jamais, fabrique du coke et a son siège social à Laval.

Cet exemple démontre que lorsqu'on tient un point de terrain houiller, on doit y persévérer, ce point se reliant à d'autres points comme les boules d'un chapelet se relient entre elles par des anneaux.

Historique abrégé de la mine de Littry.

Nous allons en voir un autre exemple à Littry.

En lignes ponctuées, j'ai projeté sur cette coupe les puits actuels de Littry qui ont succédé à l'exploitation primitive organisée en 1741 par M. Delacour de Balleroy; peu à peu cette mine produisit régulièrement de 350 à 360,000 quintaux métriques de houille par an; elle occupait alors environ 600 ouvriers.

Elle passa ensuite entre les mains d'un homme, à la fois très-capable et très-bienfaisant, qui continua à la développer, et autour de cette mine se créa une commune de plus de 2,000 habitants.

Le lentille houillère, ou premier bassin exploité à Littry et qui affleure à la surface en quelques points seulement, s'étant épuisée peu à peu, l'exploitation de Littry fut abandonnée et la propriété de la mine passa en d'autres mains. Des sondages faits de proche en proche, découvrirent d'autres bassins, et une exploitation sur l'aval pendage de la première fut commencée à Fumichon, sur le territoire de la Folie, commune de Bernesq, où deux puits n° 1 et n° 2, dont j'ai déjà dit quelque mots, atteignirent le terrain houiller, après avoir traversé 150^{m} de trias mélangé de grès rouge et de grès vosgien. Aujourd'hui, l'exploitation est florissante dans une lentille ou bassin qui, bien évidemment, n'est que la suite du premier. Le charbon qu'on tire de la couche exploitée est lavé pour la forge ; il est très estimé pour la production du gaz; la Compagnie parisienne d'éclairage au gaz faisant venir du charbon de Littry jusqu'à Paris, c'est évidemment la constatation d'une excellente qualité.

Peu à peu d'autres sondages se rapprochant de la zône liasique et jurassique du Calvados seront tentés, et nul doute qu'on découvrira d'autres bassins fermés en apparence et faisant suite aux premiers, ce qui viendra corroborer mon opinion sur le prolongement de bassins successifs plongeant sous les formations supérieures.

Ainsi, de 1741 à 1873, soit l'espace de 132 ans, cette mine, qui a traversé des phases heureuses et malheureuses, est aujourd'hui plus prospère que jamais, et cependant elle n'a encore atteint qu'une profondeur de 260 à 270^{m}; c'est-à-dire, que le terrain houiller n'a encore été qu'effleuré dans cette localité; il y peut aquérir un jour une grande importance.

Comme je l'ai déjà dit dans le précédent chapitre, les bassins de Littry correspondent à ceux du Plessis (Manche, arrondissement de Coutances), par un affleurement constaté à Moon, point intermédiaire entre Littry et le Plessis.

Direction d'une zone légèrement courbe et parallèle à celle qui enveloppe les formations carbonifères du Nord de la France et celles du Pays de Galles.

Si, maintenant, sur ma carte d'ensemble, je trace une zône H^{3}H^{3} ayant le bassin de la Sarre pour centre à l'Est, et englobant les bassins successifs de Littry et du Plessis, à l'Ouest, zône parallèle à celle qui relie les bassins carbonifères du Nord de la France à ceux du pays de Galles dont ils sont le prolongement, cette zône passe par le département de la Seine-Inférieure et a pour centre le Havre, Rouen et le pays de Bray.

Tels sont les faits principaux que cette coupe, rapprochée de la carte d'ensemble, permet de saisir d'un seul coup-d'œil; faits très-importants puisqu'ils viennent corroborer ceux énoncées dans le chapitre précédent et qu'ils établissent une grande similitude entre les roches triasiques qui recouvrent le terrain houiller de Littry et celles qui recouvrent le terrain houiller de la Sarre et de la Moselle.

Je vais passer maintenant à la description de la coupe n° 5 ou coupe générale, à laquelle les cinq coupes qui suivent se relient d'une manière intime.

PLANCHE III, FIG. 7, COUPE N° 5.

Cette coupe générale part du Sud de la France (Iles d'Hyères), et se prolonge jusqu'au Nord de l'Ecosse en passant par Paris, le pays de Bray, le sondage commencé à Battle (comté de Sussex), par Londres et traverse tous les terrains carbonifères du Nord de l'Angleterre et de l'Ecosse.

Cette coupe est faite par un plan d'axe à peu près parallèle au cercle du réseau pentagonal Dac FOREZ.

Cette coupe traverse les départements du Var, Basses-Alpes, Drôme, Rhône, Loire, St-Etienne et Rive-de-Gier, et le terrain houiller de Saône-et-Loire, Nièvre (Mines de Decize et pointe de terrain de transition à Bourbon Lancy), Loiret, Yonne, Seine-et-Marne, Seine-et-Oise (Sud), *Seine, Paris,* Seine-et Oise (Nord), Seine-Inférieure, *Pays de Bray*, la Manche (sondage de Sussex), Londres, la coupe de Murchison à Northamton, la formation carbonifère de Manchester, les terrains de transition du Nord de l'Angleterre et du Sud de l'Ecosse, la formation carbonifère de l'Ecosse, et enfin les montagnes granitiques et porphyriques de l'Ecosse.

De sorte qu'en lisant avec attention les deux lignes qui se trouvent au-dessus de cette coupe, la ligne supérieure indiquant la nature des formations géologiques, la ligne inférieure indiquant les départements, on se fait, d'un seul coup-d'œil, une idée générale de la constitution géologique de la France et de l'Angleterre ; des nombres, placés en regard des différentes localités, indiquent les altitudes qui ont servi à la confection de ce profil.

Cette coupe qui, au milieu du plateau central, représente le sommet du mont Pilat, situé entre St-Etienne (Forez) et Vienne (Dauphiné) a pour but de démontrer :

1° La régularité relative de toutes les formations géologiques comprises entre le plateau granitique, porphyrique, volcanique, dit plateau central de la France, et l'Angleterre jusqu'aux monts Grampians d'Ecosse dont l'altitude est de 1,325^{m}.

2° La division en deux parties des bassins houillers, par la protubérance du plateau central.

Les uns, tels que ceux de St-Etienne et d'Alais (Grand'Combe et Bessège), ceux d'Auvergne et de l'Aveyron semblant se relier entre eux vers le Sud.

Les autres, tels que les principaux bassins carbonifères du Nord, se reliant avec les formations de l'Angleterre; les bassins houillers de la Sarre se reliant avec les bassins de la Moselle, et ces derniers, très-probablement, avec les bassins de Littry (Calvados) et du Plessis (Manche), à l'Ouest.

3° La naissance, à Bourbon-Lancy, du bassin cambrien, sur lequel reposent les principaux bassins carbonifères, au Nord, à l'Est et à l'Ouest du plateau central.

4° La profondeur du bassin sous Paris, comparée à la protubérance jurassique du pays de Bray, et donnant entre les mêmes formations une différence de niveau d'environ 1,000^{m}, comme je l'ai déjà expliqué, page 37.

5° La profondeur du puits de Meulers, en regard des deux sondages de Grenelle et de La Chapelle.

6° La position exacte du sondage commencé en Angleterre, dans le comté de Sussex.

7° La position des différents gisements carbonifères du Centre et du Nord de l'Angleterre par rapport aux formations géologiques sur lesquelles ils reposent, et la régularité avec laquelle ces formations carbonifères plongent au-dessous des périodes supérieures triasique, liasique, jurassique et crétacée.

C'est à cette coupe générale, ou plutôt au plan d'ensemble sur lequel figure la ligne d'axe Paris et Londres, représentant le plan de cette coupe, que se rapportent les quatre coupes qui vont suivre, et qui ont toutes un point commun en R, c'est-à-dire au point d'intersection des lignes du réseau pentagonal qui traversent la France de l'Est à l'Ouest, et que j'ai adoptées pour traces de mes plans de coupes, comme je l'ai dit plus haut.

Planche IV, Fig. 11, Coupe N° 6, dite de Belle-Ile.

Cette coupe est faite par un plan dont la trace est représentée par la ligne ou cercle du réseau pentagonal DH, de Belle-Ile.

Les lignes KL, LM conduites suivant l'inclinaison moyenne des terrains de transition inférieurs (système cambrien), ont leur point de rencontre en L, à environ 2,000^{m} de profondeur et forment, géométriquement, le bassin de transition inférieur entre les Ardennes à l'Est, et la Bretagne, à l'Ouest, comme l'indiquent les formations géologiques inscrites au-dessus de la coupe.

La ligne centrale de la coupe représente l'intersection du plan de cette coupe avec celui de la coupe générale ou coupe n° 5.

Des inscriptions indiquent les lignes d'intersection du plan de Belle-Ile avec des plans passant par les lignes du réseau pentagonal qui se croisent sous des angles différents avec lui.

Le point R, sur le plan situé à l'Ouest de cette coupe, est un point de repère commun avec les coupes qui vont suivre. Ce point représentant, en plan, la ligne verticale d'intersection de ces coupes.

PLANCHE IV, FIG. 12, COUPE N° 7, DITE DU FINISTÈRE.

Cette coupe est faite par un plan dont la trace est représentée par la ligne ou cercle du réseau pentagonal T D B Finistère.

Les lignes GH, HI tracées suivant l'inclinaison moyenne des terrains de transition inférieurs, ou cambrien, ont leur point de rencontre en H, à environ 2,200^m de profondeur et forment, d'une manière géométrique, le bassin de transition inférieure entre le point culminant des Ardennes 492^m, environs de Fumay, à l'Est, et les terrains correspondants de la Bretagne, à l'Ouest.

Cette coupe, sur le plan, a son point commun avec la précédente en R. Elle a pour centre une ligne d'intersection partant du point H qui passe justement par le pays de Bray, et à très-peu de distance de la ligne d'intersection, avec un plan passant par la ligne du réseau pentagonal Dac Forez. Ce qui semble indiquer que le *pays de Bray* aurait, en outre des soulèvements antérieurs, subi l'influence du soulèvement du Forez avant le dernier soulèvement produit par le système des Pyrénées. Cette hypothèse pourrait avoir une influence notable sur l'épaisseur des terrains à traverser par un sondage.

A l'Est, cette coupe montre le point culminant, 451^m du Hundsruck, et sur les flancs de cette montagne on voit s'appuyer, à stratification discordante, les bassins houillers de la Sarre et de la Moselle au milieu du grès vosgien et traversés en bien des points par les mélaphyres et les ophites ayant leurs homologues dans les Pyrénées.

Plus vers l'Ouest, j'ai projeté le sondage de l'Hopital (Moselle), qui indique la vallée comprise entre le Hundsruck et les points culminants des Ardennes et Givet.

Cette coupe, traversant le pays de Bray et passant très-près de Rouen et Elbeuf, j'y ai figuré le sondage de Sotteville et un sondage fait à Elbeuf, de manière à apprécier en ces points la forme des terrains crétacés et leurs ondulations, par rapport au terrain jurassique.

J'ai, en outre, projeté sur cette coupe le puits de Meulers, le sondage du Havre et le pied des falaises de la Hève. Et si, en tenant compte, bien entendu, des différences de niveau de chaque localité, je trace par une *zone bleue* le niveau géologique signalé dans le chapitre précédent par la rencontre de la *gryphée virgule* :

Niveau géologique de la gryphée virgule.

Pays de Bray. — C'est-à-dire dans le Pays de Bray à 120m au-dessus du niveau de la mer ;

Dans le puits de Meulers à.............. .... 177m au-dessous du niveau de la mer;

Rouen. — Dans le sondage de Rouen à.................. 30m au-dessous du niveau de la mer;

Havre. — Dans le sondage du Havre à...................... 11m au-dessous du niveau de la mer;

Au pied du cap de la Hève à...................................... 00m c'est-à-dire au niveau de la mer.

Planche III, Fig. 8, Coupe N° 7 bis.

J'arrive ainsi à représenter, d'une manière rigoureuse, l'assise kimmeridienne à lumachelle virgulienne, sur une coupe brisée passant par le puits de *Meulers*, longeant une grande partie de la protubérance du pays de Bray, en passant aux environs de Compainville et par un point central entre Gancourt et Bazancourt, près de la limite des trois départements, Seine-Inférieure, Somme et Oise, passant par Gournay, par le sondage de Sotteville (Rouen) et de là jusqu'au sondage de la place du théâtre au Havre, et enfin jusqu'au pied des falaises de la Hève.

Cette coupe démontre, de même que la coupe n° 7, l'épanouissement du pays de Bray, dans le puits de Meulers et son *relèvement à Rouen et au Havre,* localités qui, à vrai dire, ne sont que le prolongement du soulèvement du pays de Bray.

Rouen n'est qu'à 30 mètres environ au-dessus des assises Kimmeridiennes qui tapissent, en quelque sorte, le fond du lit de la Seine, entre cette ville et Le Havre. — Le pays de Bray, Rouen et le Havre présentent des chances égales, ou approximativement égales, pour des sondages.

Ces coupes démontrent, en outre, qu'à une profondeur pouvant varier entre 30m et 0m, les rives de la Seine comprises entre Rouen et le Havre sont en quelque sorte tapissées par l'assise supérieure du kimmeridien qui se relève et apparaît d'une manière très nette au cap de la Hève, d'où il se prolonge d'une manière régulière jusqu'aux environs des falaises d'Octeville, comme l'indique la grande carte géologique de France et la carte de la Seine-Inférieure, par M. Passy.

Il résulte donc de tous les faits révélés :

1° Par l'inspection de la surface du sol, pays de Bray;

2° Par les sondages de Rouen et du Havre;

3° Par le puits de Meulers, que c'est le sondage de Rouen qui a pénétré le plus avant dans le terrain jurassique et qu'en définitive les points où l'on constate les lumachelles à virgula dans le pays de Bray, sur les rives de la Seine, aux environs de Rouen et au pied des falaises de la Hève, au Havre, sont trois points où des sondages, approfondis jusqu'à 700 ou 800, 900 et 1,000 mètres auraient les mêmes chances d'atteindre les formations paléozoïques, et les coupes nos 7 et 7 *bis* démontrent, même, que c'est au Havre que ces formations inférieures *sembleraient devoir être atteintes à la moindre profondeur.*

Enfin, cette coupe n° 7 passant assez près de Littry, j'ai

pu y projeter les deux puits en exploitation avec la profondeur du terrain triasique, jusqu'au terrain houiller.

En terminant la description de cette coupe, je dois faire remarquer, voulant démontrer que les formations dont il est question dans tout ce travail n'affectent pas une forme géométrique, comme le représentent les lignes d'opérations, j'ai indiqué par des lignes ponctuées /¨\../¨\ qu'il existe à la base de toutes ces formations, des sinuosités à peu près correspondantes à celles de la surface du sol.

Planche IV., Fig. 13, Coupe N° 8 des Pays-Bas.

Cette coupe est faite par un plan dont la trace est représentée par la ligne ou cercle du réseau pentagonal Dac. Pays-Bas ; elle a, comme les précédentes, son point commun en R.

Cette coupe, d'après la nomenclature des contrées qu'elle traverse, Aix-la-Chapelle, Liège, Huy, Namur, Charleroi, Mons, Valenciennes, Douai, Béthune, présente donc une grande importance.

C'est ici qu'il convient de donner une description très-succincte de la zône carbonifère du Nord, malheureusement troublée par le cataclysme ou soulèvement des Pays-Bas.

Pour bien se rendre compte de cet important gisement carbonifère, il faudrait tout un volume ; je vais donc abréger autant que possible.

Quelques mots sur les mines du Nord et du Pas-de-Calais.

Les premiers travaux, faits à Valencienes, remontent à 1716, c'est-à-dire à 25 ans avant ceux de Littry.

Les travaux d'Anzin ont commencé à acquérir un certain développement de 1757 à 1791.

L'origine des travanx de recherche et d'exploitation faits dans le Pas-de-Calais, remonte à 1856 et 1857 seulement.

Du cataclysme qui a disloqué le bassin carbonifère

C'est par suite de l'étude, faite avec le plus grand soin, de cette zône carbonifère et des nombreux travaux qui y ont été exécutés, qu'on est parvenu à se rendre compte, d'une manière complète, de la forme primitive du bassin carbonifère et de sa forme actuelle ; forme réduite à la moitié du bassin primitif, comme l'a démontré l'Ingénieur au corps des mines, M. Dormoy, dans sa topographie souterraine du bassin de Valenciennes.

Cet ingénieur s'exprime ainsi :
« Il n'existe plus, dans le Nord de la France, que la moi-
» tié Nord du bassin houiller primitivement déposé. »

Et voici l'explication qu'il donne de ce fait :
« C'est qu'un soulèvement général s'est produit vers le
» milieu de la bande houillère, peu de temps après le dépôt
» du terrain houiller, et qu'un cataclysme ou déluge subit,
» d'une puissance irrésistible, a dû ratisser et balayer toute
» la masse soulevée dans la direction du Midi. »

Il a été démontré, depuis, que le même phénomène a été observé dans les gisements de la Belgique et de la Prusse, ainsi que dans le bassin du Pas-de-Calais, et enfin, d'après un célèbre géologue anglais, dans un compte-rendu au congrès géologique de Londres, M. Godwin Austen annonce que le même fait a été observé dans les gisements carbonifères du Pays de Galles, qui sont le prolongement de ceux de Belgique et du Nord de la France. Je reviendrai, à la coupe n° 10, sur ce sujet.

C'est évidemment le soulèvement du Hainaut, dit des Pays-Bas, qui a opéré cette dislocation que je représente sur la coupe n° 8, en l'exagérant, de manière à rendre la démonstration plus sensible au moyen des deux triangles ombrés représentant deux tranches de cette section.

Opinion des géologues sur la partie enlevée au bassin carbonifère du Nord.

Il résulte de l'opinion des différents géologues que j'ai consultés relativement à cette dislocation du bassin du Nord, que les parties enlevées à la suite du cataclysme ont dû être délayées de telle façon par les mers qui existaient à cette époque de bouleversement intérieur, que cette moitié du terrain houiller a dû être disséminée et entraînée dans les profondeurs de l'Océan.

Avant de passer à la coupe n° 9, il est bon de faire remarquer ici que c'est sans doute au cataclysme qui a opéré une dénudation en Belgique et dans le Nord de la France, qu'est due l'absence du terrafn jurassique au-dessus des formations carbonifères de ces contrées.

PLANCHE IV FIGURE 14, COUPE N° 9 DU LANDS'END.

Cette coupe est faite par un plan dont la trace est représentée par la ligne ou cercle du réseau pentagonal primitif du Lands'End, ligne qui, longeant la côte Sud de l'Angleterre, indique parfaitement le relèvement de cette côte ; cette coupe a toujours son point commun en R avec les coupes précédentes.

Elle part d'Aix-la-Chapelle, passe par Boulogne, traverse la Manche, très près du sondage de Sussex, et se prolonge ainsi jusqu'aux terrains de transition de l'Angleterre et de l'Irlande, en démontrant l'élargissement de la vallée primordiale A B C et sa moindre profondeur qui s'explique aussi, par la puissance moindre de la zône jurassique comprises entre Boulogne et Portland ; zône qui devra être traversée très-probablement par le sondage anglais, avant d'atteindre la formation carbonifère.

Nous allons voir, tout-à-l'heure, comment les quatre coupes qui précèdent seront reportées, ainsi que celle-ci et celle qui suit, sur la carte d'ensemble.

Avant d'étudier cette carte, ou plan d'ensemble, il ne me reste plus qu'à signaler une coupe n° 10.

PLANCHE IV, FIGURE 15, COUPE N° 10.

Cette coupe traverse obliquement le terrain houiller de **Sarrebruck**, passe par le point d'intersection des trois cercles du réseau pentagonal *Minorque, Norwège, Long mynd,* et *Belle-Ile,* passe par le point culminant cambrien des Ardennes, longe la zône carbonifère de Belgique et du Nord de la France, traverse la Manche entre Boulogne et le sondage anglais de Battle (Sussex), et de là va longer la zône carbonifère de Cardiff et Swansea, jusqu'au canal St-Georges.

Cette coupe m'avait été suggérée par le compte-rendu du Président du Congrès géologique de Londres en Août 1872, et auquel assistait le Président de la Société géologique de France.

Dans son rapport au Congrès géologique, le Président, M. Godwin Austen, a parlé du sondage de Sussex, en disant que ce sondage avait pour but de rejoindre la zône carbonifère du Nord de la France qui fait suite à la zône de Cardiff, en faisant remarquer que ce sondage avait été ainsi placé par son auteur, encouragé à cette recherche par la rencontre, à une faible profondeur, du calcaire carbonifère dans le pays de Bray (1).

(1) C'est là une erreur commise déjà par plusieurs géologues, mais cela ne détruit en rien la position bien choisie pour le sondage de Battle (Comté de Sussex).

Il a fait remarquer qu'en Prusse, même au delà d'Aix-la-Chapelle, à l'Est, qu'en Belgique, qu'en France, dans les départements du Nord et du Pas-de-Calais, le bassin carbonifère se relie avec celui du pays de Galles, Cardiff, Swansea, et même jusqu'en Irlande, mais que malheureusement, dans toute cette immense étendue, elle a été coupée par un cataclysme (disturbance) observé d'abord dans le Nord de la France.

D'où il résulte que, sans ce cataclysme, il eût existé dans l'étendue de cette zône une richesse double de celle reconnue jusqu'à ce jour.

Opinion de M. Godwin Austen, sur le cataclysme des Pays-Bas.

M. Godwin Austen ajoute :

« Que la partie Nord, seulement, reste à l'état de bassin et
» que la partie Sud a été balayée ; il retrace l'axe du bassin
» depuis le Sud de l'Irlande jusqu'à l'Est de l'Europe et en
» conclut que c'est la plus remarquable ligne de faille
» (disturbance) connue sur toute la circonférence du globe. »

Profondeur à laquelle M. Godwin pense qu'on atteindra les formations paléozoïques

Il termine en disant que, dans le sondage de Battle, on espère atteindre les formations paléozoïques comprenant la formation carbonifère, à moins de 1,600 pieds anglais, soit environ 500 mètres, dont 300 environ dans les terrains de la craie et 200 dans la formation jurassique qui semble peu puissante en ce point.

Et en effet, je dois faire remarquer, sur cette coupe n° 10, que l'inclinaison du terrain carbonifère du Nord, d'après les données géométriques, et l'inclinaison du terrain carbonifère de Cardiff, sembleraient presque indiquer que ces formations pourraient même se rencontrer au-dessous de la craie, sans intermédiaire de terrain jurassique, auquel cas, le calcaire jurassique, depuis Boulogne jusqu'à Portland, aurait disparu, de même qu'au-dessus du bassin du Nord.

C'est ce que le sondage de Battle est appelé à démontrer dans un avenir plus ou moins rapproché.

CHAPITRE IV

De la classification des terrains carbonifères. — Des relations qui existent entre les différents bassins carbonifères et houillers, et des travaux à faire pour arriver à la constatation du prolongement de ces bassins.

Explication des coupes d'ensemble au moyen d'une carte spéciale.

La petite carte géologique de France ou tableau d'assemblage, étant la reproduction exacte de la grande carte, mais présentant une certaine confusion, par suite des nombreux détails qu'elle contient, j'ai dû, pour rendre mes démonstrations plus claires, extraire de cette carte les principaux documents relatifs à cette étude, et les transporter sur un plan spécial dont je vais donner la description.

PLANCHE II, FIGURE 2, 2', 2''.

Ce plan représente en lignes légèrement teintées de sépia, la France, l'Angleterre, la Belgique et une partie de la Prusse, avec indication en teintes encre de chine foncée des différents gisements anthraxifères, carbonifères et houillers extraits de la carte géologique.

Classification des combustibles minéraux.

C'est ici qu'il importe de dire que, d'après l'opinion des savants géologues que j'ai consultés, on a adopté la classification suivante pour les combustibles minéraux, classification qui, du reste, ressort de tout ce qui précède :

1° Les formations anthraxifères telles que celles de la Basse-Loire, de la Sarthe et de la Mayenne ;

2° Les formations carbonifères caractérisées par les calcaires carbonifères sur lesquels elles reposent, et dont l'exemple le plus frappant est la zône carbonifère du Nord de la France et de l'Angleterre ;

3° Les formations houillères proprement dites, telles que celles de Littry, St-Pierre-Lacour, les bassins de la Vendée, de St-Etienne, d'Alais, de la Sarre et de la Moselle (1) ;

4° Les gisements de lignites qui se rencontrent dans un grand nombre de formations géologiques ;

5° Enfin, les tourbes et les bois transportés à l'embouchure des grands fleuves.

J'ai figuré sur ce plan d'ensemble, en lignes ponctuées rouges et en lignes pleines, les cercles du réseau pentagonal de M. Elie de Beaumont, tels qu'ils figurent sur la carte d'assemblage.

J'ai en outre, figuré en lignes ponctuées noires—..—..—..— les deux lignes d'axe de ce plan, savoir : la ligne principale passant par Paris et Londres et coupant la France et l'Angleterre du Sud au Nord, et une ligne perpendiculaire à cette première et dont le point d'intersection est à Paris.

Ces deux lignes, à angle droit, représentent, en projection horizontale, la trace des plans verticaux sur lesquels figurent les projections verticales au Nord et à l'Ouest du plan.

(1) Il convient de dire que la classification de ces terrains est constamment l'objet de l'étude des savants, qui cherchent à établir l'âge de chaque formation, par la comparaison entre les empreintes des nombreux végétaux qu'on y rencontre. C'est une étude très-longue et très-compliquée, qui ne saurait trouver sa place ici, la classification ci-dessus étant suffisante pour le cas qui nous occupe.

Je dois en outre signaler le point R où rayonnent les centres primitifs du réseau pentagonal Nouvelle-Zemble, Lisbonne, Lands'End, ainsi que les autres cercles dont je me suis servi comme plans des coupes qui précèdent, Belle-Ile, Finistère, Pays-Bas.

Je ferai encore remarquer que, sans doute, par l'effet du hasard, la coupe anglaise de Murchison vient rayonner au même point R.

J'ai enfin représenté sur cette carte, par une teinte carminée, le plateau central extrait du tableau d'assemblage de la carte géologique ; le plateau central établissant, comme je l'ai déjà dit, une séparation naturelle entre les gisements carbonifères du Nord et ceux du Sud.

Représentation des coupes sur le plan horizontal.

Cela posé, si d'un point P situé au Nord du plateau central, point où se montre le terrain de transition inférieur, je tire une ligne droite P O N jusqu'au pied du Mont Taunus, au Sud de Francfort, cette ligne indique la limite Sud-Est du grand bassin de transition du Nord, et si du même point P je tire une ligne P N'' dirigée sur Nantes, cette ligne indique la limite Sud-Ouest du même bassin de transition inférieur.

Les deux lignes N P, P N'' qui forment un angle de plus de 120° au point P, représentent donc la limite des terrains de transition les plus anciens : Cambrien des Ardennes, de Bretagne et d'Angleterre.

Si, maintenant, dans l'intérieur de cet angle, je fais figurer en plan les quatre coupes n°s 6, 7, 8 et 9, ces coupes représentent les génératrices composant les flancs de l'immense vallée de transition sur lesquels existent :

1° La vallée latérale qui a donné lieu aux formations carbonifères du Nord et de l'Angleterre, et qu'on peut se représenter comme étant comprise dans une zône légèrement courbe, H, H, H, s'étendant d'Aix-la-Chapelle à Cardiff;

2° Les bassins discontinus dans lesquels se sont formés les gisements houillers de Sarrebruck et de la Moselle, et qu'on peut se représenter comme étant compris dans une zône parallèle à la première et avec une courbure semblable, H^2 H^2 H^2 qui ayant pour centre les bassins houillers de la Sarre et de la Moselle à l'Est, ont pour centre à l'Ouest, le pays de Bray et la vallée de la Seine. Cette zône, prolongée jusque dans le Calvados et la Manche, englobe les bassins houillers de Littry et du Plessis.

Représentation des coupes sur les deux plans verticaux XY, YZ.

Pour mieux apprécier encore la forme de cette grande vallée, je vais projeter ces coupes sur les deux plans verticaux XY, fig. 2' ou plan latéral, YZ, fig. 2" ou plan de face, ce qui me donne sur le plan XY, les triangles P'O'N', K'L'M', G'H'I', D'E'F', A'B'C', A"B"C" dont les sommets réunis en O' L' H' E' B' B" C" donnent une ligne en forme de carène de navire dont les parois latérales seraient formées par les flancs de la vallée même et dont on peut comprendre la forme au moyen des triangles correspondants projetés sur la coupe ou plan de face Y Z.

Repos relatif dans les formations géologiques, depuis le pied des Vosges jusqu'au Mont-Snowdon d'Angleterre.

Ces deux projections verticales donnent, autant que possible, la forme générale des gisements. Je dois faire remarquer, maintenant, qu'après avoir fait figurer sur la projection latérale au moyen de lignes légères, les grandes perturbations du globe, telles que le soulèvement granitique du Pelvoux, les grands soulèvements du Mont-Blanc, du Jura, des Ballons, etc., on constate, depuis le pied des Vosges jusqu'aux Monts Snowdon d'Angleterre, un grand repos relatif dans toutes les formations, sur une longueur de 8 à 900 kilomètres, et que, sur cette longueur, l'accident principal qui se soit produit, a eu lieu dans le *pays de Bray* et le long des rives de la Seine, depuis Rouen jusqu'au Havre, où le terrain jurassique se montre à la surface, par suite des différents soulèvements dont j'ai parlé au chapitre précédent.

D'après ces trois projections, il est facile de se rendre compte de la forme des bassins qui indiquent :

1° Que la formation carbonifère du Nord passe en dehors de notre dèpartement, c'est-à-dire au Nord-Est.

2° Que la formation carbonifère ou mieux houillère de Sarrebruck, Sarre et Moselle se trouve comprise dans la zône de la Seine-Inférieure.

Dans l'ordre chronologique, ces deux formations se sont succédées d'assez près, puis sont arrivées les deux soulèvements dont j'ai déjà parlé, qui ont rélevé ces formations au Nord-Est de la France; puis un troisième soulèvement qui les a relevées vers le Nord de l'Angleterre, d'où est résulté la forme actuelle de ces bassins carbonifères et houillers comme le représente les trois projections que je viens d'analyser.

Puis enfin est arrivé le soulèvement du Hainaut ou Pays-Bas qui a opéré, comme nous l'avons vu précédemment, la dislocation de la zône carbonifère du Nord.

Cette dislocation du bassin carbonifère du Nord est évidemment due à ce que les terrains carbonifères et houillers, de même que les terrains anthraxifères, étant composés de parties plus tendres et moins homogènes que d'autres formations sédimentaires, ils ont été plus accessibles aux commotions intérieures, comme je vais le développer au paragraphe qui suit.

Exemple tiré de la forme du soulèvement du pays de Bray.

La possibilité de la présence, dans nos contrées, d'un gisement houiller, ne pourrait-elle pas être déduite du soulèvement même du pays de Bray, soulèvement qui s'est fait sentir à Rouen et au Havre, et dont l'altitude moyenne en ce point est de 200^{m} et qui, comme nous l'avons déjà vu, par rapport à la profondeur à laquelle existe la formation jurassique au-dessous de Paris, dénote en réalité un soulèvement de 1,000^{m} dans le pays de Bray et de 800^{m} au Havre, au cap de la Hève. Ce qui représente la forme d'une mer ondulée, s'étendant de Neuchatel à Gournay, de Gournay à Rouen, et de Rouen au Havre, c'est-à-dire sur une longueur de plus de 150 kilomètres.

Structure générale du pays de Bray.

Si l'on étudie le pays de Bray au point de vue de sa structure générale, de ses formes arrondies et mamelonnées, on reconnaît que les forces produites et provenant de l'intérieur du globe par suite de l'expansion des gaz et des matières en fusion, ont agi en ces points sur des roches plus faciles à disloquer qu'en d'autres points, et offrant une résistance moindre.

De la forme en général des terrains houillers et des accidents qu'on y observe.

En effet, comme cela s'observe dans la majeure partie des terrains houillers, on constate les formations accidentées par des forces provenant de l'intérieur et souvent traversées par des roches éruptives.

Ainsi, le terrain houiller de Sarrebruck est traversé, en un grand nombre de points, par des mélaphyres et des ophytes, comme je l'ai fait remarquer précédemment.

Exemple à Autun.

A Autun, on voit le terrain houiller soulevé et traversé par des roches de porphyres rouges quartzifères.

A St-Etienne, à Alais.

A St-Etienne, à Alais, à la Grand'Combe, sans que ces

roches se montrent au jour, on en reconnaît les effets par la forme ondulée de la surface.

En Auvergne

En Auvergne, les soulèvements volcaniques ont souvent modifié la surface du sol, là ou existe des gisements houillers.

Aux mines d'anthracite de la Basse-Loire. — Roches Eruptives aux environs de la formation anthraxifère. Pl. IV, Fig. 16, 17, 18.

Si l'on prend un exemple dans les formations carbonifères les plus anciennes, les terrains anthraxifères au milieu des terrains de transition compactes, comme ceux que j'ai exploités dans la Basse-Loire, on remarque, par la description Pl. IV, Fig. 16, 17 et 18, que cette zône est accompagnée, sur presque toute sa longueur, par des roches éruptives, des porphyres quartzifères, des diorites et des trapps qui, en certains points, ont complétement modifié les inclinaisons des couches et surtout la nature des combustibles ; c'est ainsi qu'aux environs du Pont-Barré, concession de Beaulieu, un soulèvement de roches serpentineuses a complétement modifié la nature du combustible qu'on exploite dans cette concession, c'est-à-dire *Anthracite friable ou combustible à aspect contourné et luisant* et qui ne ressemble en rien à celui qu'on exploite au centre de la zône de Chalonne-sur-Loire, *Layon et Loire*, qui plus éloignée des roches éruptives présente, dans certaines couches, un aspect et une qualité analogues à une belle houille.

Enfin, prenant en dernier lieu l'exemple qui nous occupe, le soulèvement des *Pays-Bas :*

Pourquoi ce soulèvement a-t-il eu plus d'action sur la zône carbonifère qui s'étend d'*Aix-la-Chapelle* à *Cardiff*? c'est qu'évidemment ce soulèvement a rencontré sur cette énorme distance une résistance moindre que sur d'autres points, et qu'il a pu se faire jour en séparant en deux parties cette zône carbonifère dont environ la moitié Nord seulement est restée en place.

Tous ces exemples suffisent pour demontrer que les localitées où existent des formations carbonifères, c'est-à-dire des formations composées de parties dures et de parties tendres, en un mot des formations moins homogènes que d'autres, ont dû être naturellement soumises à l'action des forces intérieures qui ont produit les soulèvements postérieurs à ces formations; d'où résultent évidemment les formes généralement ondulées des différents gisements carbonifères.

Résumant ce chapitre :

Il résulte de l'examen attentif du plan d'ensemble et de ses projections verticales à l'aide des lettres correspondantes, de la forme générale de la vallée de transition, de la direction et de l'allure affectée par la formation carbonifère du Nord faisant suite a celle du pays de Galle, de la direction parallèle des terrains houillers de Sarrebruck et de la Moselle, et des relations très-probables entre cette formation et celle de Littry et du Plessis, et enfin de la forme ondulée de cette contrée qui a mis à nu, ou à de très faibles profondeurs, les terrains jurassiques, comme je l'ai demontré page 62, que c'est dans ces localités, depuis le pays de Bray jusqu'au Havre, que des travaux de recherche par sondages ont le plus de chance de rencontrer le prolongement des gisements houillers de Sarrebruck et de Littry, ou des bassins isolés compris dans la zône H^2 H^2 H^2 que je viens de décrire.

Doit-on faire un ou plusieurs sondages?

Pour arriver à la constatation voulue, doit-on faire un ou plusieurs sondages? Telle est la question à étudier immédiatement.

Si le terrain à rechercher dans la Seine-Inférieure formait une zone continue ou à peu près continue, comme la zône carbonifère du Nord, en H H H sur le plan, je crois qu'un ou deux sondages pourraient suffire pour constater sa présence.

Mais, comme nous avons vu dans le courant de cette notice, que les gisements houillers à rechercher dans la zône H' H' H' se composent de bassins discontinus, il en résulte que les travaux de recherche devront être dirigés vers *plusieurs inconnus*, moins faciles à déterminer que dans le cas qui précède ; je crois par conséquent que trois sondages ne seraient pas de trop pour atteindre le but ; ce dernier mode d'opérer *devant présenter trois chances au lieu d'une.*

Nous devons nous attendre à une observation, qui est celle-ci : *pourquoi entreprendre simultanément trois sondages?* Faisons-en un d'abord et nous verrons ensuite.

Je serais complètement de cet avis, si l'exécution d'un sondage de 8 à 900 mètres n'exigeait qu'une année ou deux pour son exécution.

Mais, comme nous allons voir dans le chapitre suivant, qu'un sondage, conduit à ces profondeurs, est un travail qui exige de cinq à six années au moins, je pense que si l'on veut obtenir une solution aussi prompte que possible, *il serait rationnel d'entreprendre simultanément trois sondages.*

Tel va être l'objet du chapitre 5 qui suit.

Sondage de 920 mètres au Creusot.

Avant de passer à ce chapitre, il n'est pas sans intérêt de démontrer, par un exemple, que des sondages de 8 à 900 mètres sont très-praticables, et déjà usités pour la recherche du prolongement des bassins houillers.

Sur les indications de M. Fournet, le géologue praticien dont j'ai déjà parlé, un sondage établi en 1853, par M. Schneider, en dehors du bassin du Creusot proprement dit, c'est-à-dire au milieu du large chenal de la Bourbince et de la

Dheune, a traversé les grès rouges sur 373m
puis a pénétré dans le terrain permien et le terrain houiller, sur une longueur de.. 547m

Ensemble........................ 920m

A cette profondeur la sonde se cassa, mais le résultat était obtenu, le terrain houiller était constaté. Ne serait-ce pas l'inauguration d'une phase nouvelle pour l'industrie houillère ? L'exploitation de la houille à de grandes profondeurs !

CHAPITRE V

Des points à choisir de préférence pour l'exécution des dits travaux, et des dépenses et du temps reconnus nécessaires pour arriver à cette constatation.

Quand il s'agit de rechercher le terrain houiller à des profondeurs de 8 à 900 mètres au-dessous des formations supérieures, le point important est de choisir le niveau géologique inférieur, de manière à avoir le moins d'épaisseur possible à traverser.

Pour arriver à cette connaissance exacte, j'ai pensé que le meilleur moyen était de s'adresser aux ingénieurs chargés des études de la nouvelle carte géologique de France dans la Seine-Inférieure.

Je me suis donc mis en relations avec M. de Lapparent qui, depuis plusieurs années, parcourt le pays de Bray dans dans tous les sens.

Cet ingénieur, d'accord avec la notice publiée por son collègue, M. Fuchs, sous les auspices de la Chambre de Commerce de Dieppe, m'a indiqué plusieurs points où, par suite d'une dénudation qui a fait disparaître de 90 à 100 mètres de la formation supérieure, se montre le niveau géologique le plus bas, caractérisé, comme je l'ai déjà dit, par les lumachelles à virgula de l'étage supérieur du Kimmeridien.

Deux points principaux constatés pour sondages dans le pays de Bray.

Planche III, Fig.8.

L'un de ces points se trouve dans un ravin aux environs de Compainville, entre Forges-les-Eaux et Neufchâtel, voir Pl. III, Fig. 8. L'autre se trouve entre Gancourt et Bazancourt, comme l'indique M. Fuchs dans sa notice. Voir la même Fig. 8

Tels sont les points géologiques constatés dans le pays de Bray proprement dit.

Quant à la préférence à donner à l'un ou l'autre point, elle dépend de l'accès plus ou moins facile par le chemin de fer et les routes adjacentes, elle dépend en outre de bien d'autres circonstances ou motifs qui ne pourront être étudiés que lorsque la question des sondages aura été décidée en principe.

De la probabilité de l'existence de sel-gemme dans le pays de Bray.

Avant de quitter le pays de Bray, il n'est pas sans intérêt de dire quelques mots de la probabilité de l'existence d'eaux salées, et peut-être même de gisements de sel-gemme, au milieu des marnes irrisées du trias, comme on en rencontre dans le département de la Meurthe, au mines de Vic et de Dieuze, arrondissement de Château-Salins.

Cette opinion, que je partage avec plusieurs géologues et ingénieurs, est basée sur ce fait que le pays de Bray était autrefois un ancien bras de mer, dont les eaux, en s'évaporant peu à peu, ont parfaitement pu laisser des masses de sel-gemme au milieu des dépôts secondaires des marnes irisées. Il serait possible encore qu'on y rencontrât des amas de gypses, comme on en trouve dans les marnes irisées des mines de Vic.

Evidemment il ne peut y avoir là que des probabilités basées sur l'existence d'un ancien bras de mer profond ; mais j'ai cru de mon devoir de ne rien laisser ignorer à la commission, des chances probables qui peuvent s'offrir pendant l'opération des sondages.

N'a-t-on pas déjà rencontré des eaux salées dans le sondage de Rouen ? et en effet, le sol rouennais, ainsi que je l'ai déja dit, n'est autre chose que le prolongement du pays de Bray.

D'un point à choisir aux environs de Rouen.

Comme nous l'avons vu dans le chapitre précédent, un sondage dans les environs de Rouen, c'est-à-dire à peu près à la moitié de la distance qui sépare le pays de Bray du Havre, a autant de raison d'être qu'un sondage dans le Bray proprement dit, car suivant la juste expression de M. Passy, *Rouen est un pays de Bray en petit.*

Le point qui, à première vue, semblerait convenir le mieux pour un sondage, serait à l'Ouest de Rouen, là où les terrains crétacés inférieurs plongent sous les alluvions, et il est probable qu'en se portant un peu dans la plaine, le terrain jurassique serait promptement atteint.

Je n'indique cette position que comme premier aperçu, me réservant, dans le cas où la question de plusieurs sondages simultanés serait admise, d'étudier le véritable point à donner au sondage, en l'éloignant le plus possible de la faille dont j'ai déjà parlé, et en le tenant à distance des habitations, de manière à ne pas retomber dans la faute qui a été commise lors du sondage de Sotteville.

D'un point à choisir au Havre.

Quant au troisième sondage, sa position est naturellement tracée par la protubérance jurassique du cap de la Hève, au Havre. La partie inférieure de ce cap étant formée par l'étage géologique le plus bas de tout le pays, c'est-à-dire par l'étage à gryphée virgule du kimmeridien.

Ce cap, qui fait une saillie très-prononcée dans la Manche, se relie évidemment avec les bancs d'Anfar et du Ratier situés à l'embouchure de la Seine, et qui, eux-mêmes, ne sont que des protubérances de la même assise kimmeridienne, qu'on retrouve plus loin dans le Calvados.

Ce cap est le point, de tout le département de la Seine-Inférieure, le plus rapproché du bassin de Littry.

Planche, III Fig. 8.

La distance entre ce point et les nouvelles mines de Littry n'est que de 80 kilomètres environ.

Les couches exploitées à Littry, comme je l'ai déjà dit, sont comprises dans des bassins successifs dont les affleurements ne se montrent qu'en certains points A B C D comme le représente cette fig. 8, extraite de la grande carte géologique de France. Sur ce plan, j'ai figuré surtout les terrains du trias reposant au Sud-Ouest sur le terrain de transition moyen, et plongeant au Nord-Est sous la formation jurassique.

Et au milieu de ces terrains triasiques, j'ai fait figurer les points d'affleurement du terrain houiller, savoir :

1° L'affleurement reconnu au Plessis (Manche);

2° Un point d'affleurement constaté à Moon;

3° Trois autres points d'affleurement constatés entre Cartigny et le Molay;

4° L'affleurement principal des environs du Molay qui a donné lieu à l'exploitation de Littry proprement dite et dont j'ai donné la description succincte, page 56 de cette notice;

5° Enfin, sur la commune de Bernesq j'ai figuré les puits actuels d'exploitation, puits n° 1 et n° 2 *de Fumichon* qui, comme je l'ai dit, exploitent à la profondeur de 210 et 263^{m}, une nouvelle lentille qui présente une assez grande importance.

Ainsi, voilà donc, dans un espace assez circonscrit, au-dessous des terrains triasiques, 5 constatations de bassins lenticulaires qui semblent avoir une importance plus grande que celle constatée jusqu'à présent, car on s'est tenu dans une seule et même couche de houille supérieure, sans avoir fait de travaux importants pour constater la richesse dans la profondeur.

Si, maintenant, du Cap de la Hève on dirige une ligne parallèle au soulèvement du Finistère à travers le département du Calvados, on est frappé, en reconnaissant que cette ligne passe exactement au centre des différents points d'affleurement signalés plus haut.

Or, comme le soulèvement dit du Finistère est celui qui a imprimé aux terrains anciens de la Bretagne, de la Manche et du Calvados, leur forme et leur relief, il s'en suit que, lors de la formation des bassins houillers, il existait une vallée dans laquelle se sont formés d'abord les terrains houillers, puis les formations triasiques, grès des Vosges, etc.

Et enfin les formations jurassiques du Calvados au-dessous de Bayeux présentant à la partie inférieure :

1° L'assise à gryphée arquée .... J^1
2° De Bayeux à l'embouchure de l'Orne, l'étage inférieure du système oolitique .... J^1
3° De Dives à Villerville, l'étage moyen du système oolitique comprenant les argiles de Dives .... J^2
4° De Villerville à Honfleur, l'étage supérieur du système oolitique ou kimmeridien .... J^3

lequel se prolonge avec quelques ondulations sous l'embouchure de la Seine, pour se montrer très nettement au Cap de la Hève, d'où il se prolonge sous les falaises de Bléville et d'Octeville.

Il résulte donc de cette description succincte et de la régularité de toutes les assises ci-dessus, que sur le même versant de la vallée tracée par le soulèvement du Finistère, il doit exister au-dessous de ces terrains les formations triasiques et houillères, non pas sans doute avec la même régularité que celle des formations jurassiques, mais à l'état de bassins successifs faisant suite à ceux de la Manche et de Littry.

D'où il résulte enfin que le Cap de la Hève ou les environs semblent, dans le département de la Seine-Inférieure, bien placés pour un sondage à faire simultanément avec ceux de Rouen et du pays de Bray et qu'il pourrait même se faire qu'au Havre il y eut moins d'épaisseur de terrain à traverser que dans les autres localités citées plus haut.

Et en effet, d'après l'inspection des coupes Pl. III et IV, la profondeur la plus grande pour atteindre le terrain houiller serait dans le pays de Bray, elle serait moindre à Rouen, encore moindre à la Hève et à Honfleur et de moins en moins grande en remontant vers Littry.

Recherches en dehors du département et destinées à guider celles dans la Seine-Inférieure.

Un moyen plus rationnel, peut-être, mais il faudrait pour cela sortir du département de la Seine-Inférieure, ce serait de faire des sondages successifs en partant des environs de Littry, en se rapprochant du Havre, et dirigés dans la direction ou dans une direction voisine de la ligne parallèle au soulèvement du Finistère,

Le premier pourrait être fait, par exemple, aux environs de Blay, en un point où le terrain triasique disparaît sous la formation jurassique J_1 et s'il était accompagné de succès, un second sondage pourrait être fait dans la même direction aux environs de Bayeux, au point ou la formation J_1 disparaît sous la formation J^1 et ainsi de suite, en se rapprochant vers le Cap de la Hève.

C'est, du reste, la méthode qui a été suivie dans la Moselle et qui a si bien réussi pour constater le prolongement du bassin de la Sarre.

Si je cite cet exemple, c'est que je ne veux rien laisser ignorer à la Commission de ce qui peut l'éclairer sur cette importante question (1),

Je vais passer maintenant à la seconde partie de ce chapitre, concernant les dépenses et le temps nécessaires pour arriver à la solution de ce problème.

Du diamètre à donner aux sondages.

Parlons d'abord du diamètre à donner aux sondages destinés à pénétrer à la profondeur de 8 à 900 mètres et même 1,000 mètres s'il le faut. Quelques ingénieurs que j'ai consultés à cet égard conseillent de donner un grand diamètre aux sondages, jusqu'à un mètre de diamètre initial. Les ingénieurs praticiens et entrepreneurs de sondages, MM. Mauget et Lipmann, successeurs de la maison Degousée et Ch. Laurent, que j'ai visités plusieurs fois et avec lesquels j'ai échangé une assez longue correspondance, sont également partisans des grands diamètres ; mais ils disent que pour des sondages destinés à rechercher le terrain houiller, *un diamètre initial de cinquante centimètres suffit pour atteindre à une profondeur de 1,000 mètres, avec des outils capables de retirer du fond des échantillons naturels et intacts des terrains traversés par la sonde*, un sondage à la profondeur de 1,000 mètres pouvant encore conserver un diamètre de 15 à

(1) Depuis le 10 Avril, époque à laquelle j'ai eu l'honneur de communiquer cette notice à la Commission, le Conseil Général du Calvados, à l'exemple de celui de la Seine-Inférieure, s'est aussi préoccupé de la question du développement des gisements houillers dans son département, ce qui s'accorde parfaitement avec les idées que je viens d'émettre. Ne serait-ce pas là une question d'intérêt inter-départemental qui demanderait un concert entre les deux Conseils généraux du Calvados et de la Seine-Inférieure?

20 centimètres ; et ils ajoutent qu'en comparant la dépense d'un sondage d'*un mètre* de diamètre à celle d'un sondage de *cinquante centimètres*, on reconnaît bien vite l'avantage de ce dernier.

De la dépense pour sondages de 900 mètres, d'après un premier aperçu de MM. Mauget et Lippmann.

La dépense pour sondages est variable suivant certains cas :
1° Suivant la dureté plus ou moins grande des roches ;
2° Suivant la nécessité de tuber plus ou moins, en raison de la nature solide ou ébouleuse des terrains.

Voici, d'après ces Messieurs, la dépense qu'occasionnerait un sondage de 900 mètres, au diamètre initial de 0, 50 cent. dans nos terrains jurassiques.

DEVIS APPROXIMATIF (1). — FORAGES DES TERRAINS

Sondage au diamètre initial de 500 millimètres.

Pour le forage du niveau du sol		à		50 mètres	....	F.	3,000
d°	de	50	»	100	»	.... »	4,000
d°	de	100	»	150	»	.... »	6,000
d°	de	150	»	200	»	.... »	8,000
d°	de	200	»	250	»	.... »	10,000
d°	de	250	»	300	»	.... »	12,000
d°	de	300	»	350	»	.... »	15,000
d°	de	350	»	400	»	.... »	18,000
d°	de	400	»	450	»	.... »	19,000
d°	de	450	»	500	»	.... »	20,000
d°	de	500	»	550	»	.... »	21,000
d°	de	550	»	600	»	.... »	22,000
d°	de	600	»	650	»	.... »	23,000
d°	de	650	»	700	»	.... »	24,000
d°	de	700	»	750	»	.... »	25,000
d°	de	750	»	800	»	.... »	26,000
d°	de	800	»	850	»	.... »	27,000
d°	de	850	»	900	»	.... »	28,000
				A Reporter	....	F.	311,000

(1) J'ai cru devoir donner ici tout le détail qui m'a été produit par la maison Degousée, afin que la Commission puisse apprécier la progression croissante, en raison de la profondeur, et puisse se rendre compte de la dépense, dans le cas où un sondage serait poussé entre 500 et 900 mètres, par exemple.

Report............... F. 311,000

TUBAGE

En admettant, ce qui peut sembler probable, sinon certain, qu'il faille employer cinq colonnes des diamètres et longueurs suivants, pour l'exécution d'un semblable sondage :

1° Une colonne	de 460 m/m.,		d'une longr	de 12	m.
2°	d°	410	»	d°	200 »
3°	d°	360	»	d°	350 »
4°	d°	310	»	d°	600 »
5°	d°	260	»	d°	800 »

Il faudrait compter sur une dépense de tuyautage d'environ... » 70,000

Le nombre des colonnes est susceptible d'augmentation et de réduction.

Frais de construction de chèvre, baraque, frais d'installation et imprévu............................ » 9,000

Total approximatif.................. F. 390,000

Sondage au diamètre initial d'un mètre.

Un sondage de 900 mètres *avec diamètre initial d'un mètre,* sans entrer dans tous les détails du précédent, coûterait :

1° pour le forage proprement dit........... F. 809,000
2° pour tubage probable .... » 397,150
3° frais d'installation de baraque, chèvre et imprévu.. » 33,850

Total pour premier aperçu.......... F. 1,240,000

C'est-à-dire qu'on pourrait faire 3 sondages de 0,50 cent. contre 1 sondage de 1 mètre.

Il n'y a donc pas un seul instant à hésiter sur la préférence à donner à des sondages de 0,50 cent. de diamètre initial.

Ces chiffres ne doivent être considérés que comme un premier aperçu, et quand on en sera arrivé au point d'entreprendre un ou plusieurs sondages, il devront être discutés avec les entrepreneurs, de manière à obtenir les conditions de minimum.

Du temps nécessaire pour l'exécution d'un sondage de 900 mètres avec diamètre initial de 0,50

Le temps nécessaire à l'exécution de semblables travaux est un point capital et aussi important que celui qui précède, car en industrie, et *surtout en industrie de mines, le temps c'est de l'argent.*

Sondage de l'Hôpital de Rochefort.

Les entrepreneurs estiment la durée d'un sondage de 0,50 cent. de diamètre, poussé jusqu'à 1,000 mètres, à six années de travail continu de jour et de nuit. Ce temps m'ayant paru très-long, j'en ai entretenu ces Messieurs lors de mon dernier voyage à Paris, et en compulsant leur registre concernant un sondage pour les eaux et exécuté approximativement dans les mêmes terrains à l'hôpital militaire de Rochefort, sondage qui a été poussé jusqu'à la profondeur de 857 mètres, j'ai pu constater que ce sondage, commencé le...... 4 Avril 1861
avait atteint 500^m le...... 3 Juin 1863
et 857^m le...................... 4 Sept. 1866
} soit une durée de 5 ans 5 mois.

Ces Messieurs sont donc dans le vrai, en parlant de 6 ans pour un sondage de 900 à 1,000^m.

Comme résultat important de ce sondage de Rochefort, je dois dire que, commencé dans la craie inférieure, il a traversé toute la formation jurassique, a pénétré à la profondeur de 852 à 856^m dans le trias, terrain pénéen, grès des Vosges où il a rencontré une source jaillissante et thermale, 44° centigrades, produisant environ 150 litres d'eau à la minute et d'excellente qualité, surtout pour des malades d'un hôpital militaire.

La rencontre du terrain pénéen à 852^m nous donne encore, de ce côté, un aperçu de la profondeur à laquelle nous devons descendre, pour atteindre les mêmes terrains, ce qui vient corroborer la moyenne de 900^m dont j'ai parlé pour atteindre le terrain houiller.

La longue durée d'un travail de ce genre conduit à proposer plusieurs sondages simultanés.

Cette longue durée de six années au moins, pour un sondage de 900^m en moyenne, est, comme je l'ai déjà fait entrevoir dans le chapitre précédent, le motif qui me conduit à conseiller trois sondages simultanés, et espacés de manière à présenter le plus de chances de succès.

Déjà, à Paris, cette question me préoccupait beaucoup et m'avait conduit à demander à MM. Mauget et Lippmann quelle pourrait être, approximativement, la somme nécessaire pour l'exécution de trois sondages d'une profondeur moyenne de 900^m. Ces messieurs m'ont répondu qu'à première vue ils pourraient entreprendre ces trois sondages pour un million, ce qui porterait le prix de chacun à 333,000 fr., en moyenne.

Ce qui se passe en Prusse pour l'obtention de concessions houillères dans le bassin de Bochum.

A l'occasion de trois sondages simultanés, je crois devoir signaler ce qui se passe en Prusse pour obtenir des concessions de mines dans le bassin houiller de Bochum, éloigné de celui de Sarrebruck d'environ 125 kilomètres à l'Est, bassin de $3,000^m$ de profondeur environ, et dans lequel on a constaté 80 couches de houille exploitables.

La loi prussienne exige qu'avant d'accorder une concession, les demandeurs aient exécuté huit sondages, d'une profondeur d'environ quatre à cinq cents mètres, constatant la présence du terrain houiller et quelques-uns la présence de la houille.

Ces huit sondages représentent une dépense d'un million à un million cinq cent mille francs.

J'ai cru devoir donner cet exemple, afin d'éclairer la Commission sur l'importance qu'on attache, chez nos voisins, à ce que la richesse des gisements houillers soit bien constatée, avant l'obtention des concessions.

Je vais passer maintenant au Chapitre VI et dernier de cette Notice.

CHAPITRE VI

Conclusions comprenant un aperçu sur les voies et moyens, pour arriver à la formation d'un capital nécessaire à une aussi importante constatation.

La partie de ce chapitre, relative aux moyens de se procurer un capital nécessaire, est plutôt de la compétence de MM. les membres de la Commission que de la mienne.

Je vais, cependant, donner un aperçu résultant surtout de l'opinion émise par des hommes qui ont déjà abordé de semblables questions.

De l'importance du capital nécessaire.

Comme la Commission a été à même de s'en rendre compte par le chapitre qui précède, je ne m'étais par abusé en disant, dans ma première notice du mois d'Octobre dernier, que pour conduire à bonne fin un semblable travail d'exploration, il fallait compter sur un capital bien assuré de *un million à un million cinq cent mille francs.*

De la cause principale qui a empêché les travaux d'atteindre le but.

Et en effet, pourquoi toutes les expériences faites jusqu'à ce jour ont-elles échoué?

Parce que, toujours, les capitaux ont manqué, et que les travaux entrepris n'ont pu être poussés à une profondeur suffisante pour atteindre le but.

Si, au contraire, tous les efforts tentés jusqu'à ce jour eussent été réunis, on saurait à quoi s'en tenir sur cette importante question.

De l'importance de la question, comparée aux grands travaux exécutés et projetés dans les dernières années.

Pour obtenir une solution complète, il faudrait pouvoir réunir *deux millions*.

Or, cela ne me semble pas impossible, eu égard à l'immense intérêt que nos nombreuses populations industrielles doivent attacher à la solution d'une semblable question.

A une époque où l'industrie voit tant de merveilles s'accomplir, notre travail en question est peu de chose, si on le compare aux grands travaux exécutés dans ces derniers temps, tels que le canal de Suez, le percement des Alpes, etc., et si on le compare encore aux travaux projetés, tels que le tunnel sous la Manche, le percement du St-Gothard, de la presqu'île de Corinthe, etc., etc.

But de la comparaison qui précède.

En établissant la comparaison qui précède, j'ai voulu démontrer qu'on doit pouvoir facilement trouver *deux millions* pour la solution d'une question qui préoccupe depuis déjà si longtemps les populations de nos riches départements industriels.

Les études qui précèdent semblent indiquer des chances fondées de réussite ; mais fussent-elles moins fondées encore, que les départements qui ont un si grand intérêt à savoir au juste à quoi s'en tenir, doivent réunir leurs efforts pour la formation d'un capital suffisant pour atteindre le but.

Mission confiée à M. de Ruolz pour l'étude de la question des houilles en France et en Angleterre. — Opinion de M. Burat.

En 1866, M. Béhic, alors ministre des Travaux publics et du Commerce, confia à M. de Ruolz une mission sur la question des houilles, tant en France qu'en Angleterre.

Un premier volume de 720 pages, publié en 1872, renferme des documents précieux sur les encouragements donnés par le Gouvernement Anglais pour l'accroissement de la richesse minérale.

M. de Ruolz voudrait voir le Gouvernement Français intervenir, par des allocations, à l'effet de développer les recherches de combustibles minéraux, dans toutes les localités où il y aurait quelques chances de succès.

Il cite à cet égard l'opinion de M. Amédée Burat, professeur d'exploitation des mines à l'école centrale, qui s'exprime ainsi, en formulant en quelque sorte certains vœux :

« Que les travaux et les études géologiques soient multi-
» pliées, que le *gouvernement seconde* les efforts des exploi-
» tants en entreprenant lui-même, par sondages ou par fon-
» çages de puits, certaines recherches devant lesquelles re-
» cule l'industrie particulière.

» Il n'y a qu'un petit nombre de bassins houillers qui
» soient sérieusement poursuivis et exploités au-dessous
» des terrains secondaires et tertiaires ; mais la pensée des
» recherches est arrivée à ce point de maturité, que l'exé-
» cution en est imminente dans d'autres bassins.

» Il est même plusieurs localités où l'on se préoccupe de
» chercher le terrain houiller sous les terrains secondaires,
» sans avoir aucun *indice direct de son existence.* »

De ce paragraphe de l'ouvrage de M. Burat, M. de Ruolz tire cette conclusion, qu'une enquête houillère devrait être faite en France, comme cela se pratique en Angleterre.

Les recherches de houille n'ont jamais été poussées avec assez de persévérance.

Comme Messieurs les membres de la Commission ont été à même de le reconnaître par tous les faits relatés dans cette notice, je partage complètement les idées de M. Burat : *c'est que les recherches de la houille n'ont pas été, jusqu'à présent, poussées avec assez de persévérance en France*, et j'ajouterai, pour ma part, qu'avec des capitaux suffisants et sagement administrés, en poussant des recherches de houille, soit sur le prolongement des gisements connus, soit en des points nouveaux, on doit pouvoir arriver à doubler la richesse houillère de la France.

De la nécessité des encouragements par les Administrations supérieures.

Je crois donc que le meilleur moyen pour encourager les recherches, c'est que le gouvernement d'abord, et les départements intéressés ensuite, forment un premier noyau, autour duquel viendraient se grouper des industriels et autres, de manière à constituer une force assez puissante pour n'avoir par à redouter le manque de capitaux, ce qui a toujours été cause de la non-réussite des entreprises de ce genre.

Des idées émises dans ma première notice du mois d'Octobre 1872.

Dans ma première notice du mois d'Octobre dernier, j'avais fait le relevé de la population des départements intéressés à cette grande question, et j'avais trouvé que plus de 7,000,000 d'habitants avaient un immense intérêt à la rencontre d'un ou plusieurs bassins houillers dans nos départements de l'Ouest, et qu'une très-minime contribution de 25 à 30 centimes par tête d'habitant suffirait à la formation d'un capital destiné à atteindre le but proposé.

Je crois devoir reproduire ici le tableau que j'avais dressé à cet égard.

	Départements.	Superficie en Hectares.	Population.	Superficie réunie.	Population réunie.
Les quatre départements plus directement intéressés	Seine-Inférre...	603,465	792,763	2,387,963	2,161,287
	Oise	581,424	401,417		
	Eure.................	598,638	394,467		
	Somme	604,436	572,640		
Les six départements circonvoisins	Aisne	735,771	565,025	3,807,123	2,881,095
	Seine-et-Marne	354,400	595,980		
	Seine-et-Oise..	560,582	533,727		
	Eure-et-Loir ..	692,252	290,753		
	Orne................	989,206	414,618		
	Calvados	474,909	480,992		
Le département de la Seine	Paris................	47,455	2,150,916	47,455	2,150,916
	Total de superficie et de population.........			6,242,541	7,193,298

Et si l'on réduisait ces 7 millions à 2 millions seulement de contribuables, *un franc* pour chacun suffirait à la formation d'un fond de recherche.

Au surplus, comme le disait d'une manière frappante l'honorable président de la Commission, M. A. Cordier, le département consomme annuellement, tant pour l'industrie que pour la navigation, environ 800,000 tonnes de houille de toute provenance; en supposant que chaque consommateur voulût consentir à une contribution proportionnelle, ce serait une somme de 2 fr. 50 par tonne qu'il devrait fournir. Mais comme les travaux de recherche doivent durer six années, il en résulte que la part contributive ne serait que de *quarante et un centimes et demi* par année et par tonne. Ce sacrifice est bien minime quand on réfléchit que le prix normal du charbon est à Rouen de 20 fr. par tonne, et qu'aujourd'hui il approche de 40 francs.

Il est une infinité d'autres combinaisons financières qui pourraient être indiquées; nous en laissons le soin à qui de droit; d'ailleurs, MM. les Membres de la Commission sont infiniment plus compétents que moi-même pour apprécier une semblable question.

Si un bassin houiller existe dans la Seine-Inférieure, la grande profondeur ne serait pas un obstacle à son exploitation.

Avant de conclure, je crois devoir réfuter, ici, quelques articles de journaux qui, d'après les observations de géologues non praticiens dans l'art des mines, ont dit que si la houille existait dans le département de la Seine-Inférieure, elle se trouverait à des profondeurs telles, que l'exploitation *serait impossible.*

Pour ma part, et d'accord avec des ingénieurs praticiens, des ingénieurs mineurs, je ne partage pas cette opinion.

J'ai déjà parlé, à la fin du Chapitre IV, d'un sondage de 920^{m} fait au Creusot, sous la direction de M. Schneider, et qui a atteint le prolongement d'un bassin houiller dans une vallée latérale.

Il résulte de ce sondage que, bien certainement, l'exploitation sera incessamment poussée à plus de 1,000^{m}, dans ce centre houiller, et que si l'inclinaison des couches y oblige, on descendra probablement jusqu'à 1,200^{m}, d'où l'on peut conclure que, si les sondages de la Seine-Inférieure avaient la bonne chance d'atteindre un bassin houiller, il n'y aurait pas plus d'impossibilité pour son exploitation, qu'il ne pourrait y en avoir au Creusot, de même que dans le département du Nord et dans le Hartz où il existe des exploitations à d'énormes profondeurs.

Des études sont dirigées vers les exploitations de mines à de grandes profondeurs.

Enfin, toutes les études des ingénieurs tendent en ce moment vers les exploitations de mines à de grandes profondeurs, et je dois dire encore, pour rendre hommage à la science des ingénieurs en général, qu'en présence des remarquables travaux exécutés dans ces dernières années, *le mot impossible* doit être rayé du vocabulaire des ingénieurs.

J'ai cru utile d'entrer dans ces détails, afin qu'il soit bien constaté que, s'il existe de la houille au-dessous de la Seine-Inférieure, aux profondeurs de 800, 900 et même 1,000m, elle pourra parfaitement être exploitée, l'important est de la découvrir, car les progrès accomplis dans l'exploitation des mines sont un sûr garant du succès, même à des profondeurs dépassant celles que nous avons indiquées.

CONCLUSION

Pour conclure, je dirai que, de tous les faits analysés dans cette notice, et surtout des déductions géognostiques qui, dans ces dernières années, sont venues révéler le prolongement d'un grand nombre de bassins houillers bien au-delà des limites qu'on leur avait supposées d'abord, il résulte que, dans le département de la Seine-Inférieure, non-seulement le pays de Bray, mais encore d'autres localités, semblent présenter les mêmes chances pour la constatation, à des profondeurs variables entre 700 et 1,000m, de la présence des terrains inférieurs, dits Paléozoïques.

Et comme au milieu de ces terrains anciens, c'est évidemment le terrain houiller qui occupe la moindre place, j'ai dû m'arrêter à cette idée de conseiller l'exécution de trois sondages simultanés et espacés de manière à explorer le département sur toute son étendue, et cela dans le moindre temps possible.

En terminant, je dois vous rappeler, Messieurs, que, malgré toutes les déductions qui nous ont amené à conclure en faveur de la présence d'un gisement houiller à la profondeur que nous venons d'indiquer, j'ai eu à cœur de vous prémunir contre les illusions, et que je n'ai cessé d'affirmer avec une extrême réserve.

La science peut affirmer, et cependant qu'est-ce qu'un sondage ? C'est toujours et partout un *aléa* : il peut arriver que l'on constate la présence d'un terrain houiller et même d'un bassin houiller ; mais il peut arriver aussi que la sonde passe tout à côté. C'est à cause de cela que j'ai conseillé d'entreprendre trois sondages à la fois et sur trois points différents.

En résumé, la recherche de la houille, dans le département de la Seine-Inférieure, intéresse au plus haut degré, comme je l'ai dit en commençant, non-seulement la prépondérance de nos industries, mais à l'heure actuelle c'est une question d'existence. A tous les points de vue c'est une œuvre patriotique.

Je m'arrête à ce dernier mot ; je suis certain d'être compris de chacun des Membres qui composent notre Conseil Général.

10 Avril 1873.

TABLE DES MATIÈRES

---

(1) Extrait de renseignements fournis par MM. Mauget et Lippmann, et de l'esquisse géologique et minéralogique de la Moselle, par M. Jacquot (Ingénieur des mines).

TABLE

DES PLANS ET COUPES ACCOMPAGNANT LA NOTICE

8

EXTRAIT

DES DÉLIBÉRATIONS DU CONSEIL GÉNÉRAL DE LA SEINE-INFÉRIEURE

2me Session ordinaire de 1873

RECHERCHE DE LA HOUILLE

ALLOCATION

D'UN

CRÉDIT DE 500,000 FR.

POUR FAVORISER CETTE RECHERCHE

RECHERCHE DE LA HOUILLE

Séance du 28 Août 1873.

M. Cordier, au nom de la deuxième commission, donne lecture du rapport suivant sur les questions relatives à la recherche de la houille :

« Messieurs,

» L'année dernière, dans la onzième séance de la deuxième session ordinaire de 1872, vous avez, sur la proposition que j'avais l'honneur de vous soumettre au nom du deuxième bureau, nommé une commission de cinq membres « char-
» gée de se mettre en rapport avec M. Rolland-Banès, in-
» génieur civil des mines, d'entendre l'exposé de ses re-
» cherches et de ses études, et, s'il y a lieu, de les livrer à
» la publicité aux frais du département ; tous les droits de
» l'auteur et de l'inventeur étant réservés (1). »

» Tels sont les termes du mandat dont vous avez investi votre commission ; elle a eu plusieurs réunions depuis que vous l'avez nommée ; elle a entendu, à diverses reprises, M. Rolland-Banès, et le rapport de cet ingénieur qui vient de

---

(1) Membres composant la commission : MM. Alphonse Cordier, président et rapporteur ; Bouctot, Besselièvre, Fauquet-Lemaître et Thiessé.

vous êtes distribué, clôt, selon elle, la première phase de l'importante question de la recherche de la houille. C'est pourquoi elle m'a chargé de vous rendre compte des résolutions auxquelles elle s'est arrêtée et des propositions qu'elle a l'honneur de vous soumettre.

» S'il était possible, Messieurs, d'interroger individuellement chacun des habitants de ce département sur le désir qu'il a de voir se réaliser la découverte d'un gisement houiller dans notre contrée, assurément qu'il n'en est pas un qui ne répondît par le vœu le plus ardent pour l'accomplissement de cette découverte. C'est qu'en effet la houille a été qualifiée avec juste raison le pain de l'industrie ; elle est et elle sera longtemps le générateur principal de la force motrice, et, par cela même, elle est la matière initiale de la production industrielle. A ce titre, nulle part cette vérité ne peut être mieux appréciée que dans le département de la Seine-Inférieure, où les grandes industries du coton, de la laine, de la navigation fluviale et maritime, de la fabrication des produits chimiques, des constructions mécaniques, etc., etc., réclament pour leurs besoins annuels environ 800,000 tonnes de charbon, c'est-à-dire à peu près la vingt-cinquième partie de la consommation totale de la France, indépendamment de l'action des nombreuses chutes d'eau qui représentent une force motrice de dix-huit mille cinq cents chevaux. Aussi notre préoccupation constante a-t-elle été de nous défendre contre les entraînements trop faciles et si naturels d'ailleurs des aspirations générales.

» Nous vous le disions il y a un an : « Autant que qui que ce soit, nous nous défendrons des entreprises chimériques, surtout en matière d'intérêt général, car les déceptions ont le double inconvénient de décourager le présent et l'avenir. » C'est donc avec une extrême circonspection, avec une réserve absolue que nous avons abordé et poursuivi l'étude de cette importante question, et il est de notre devoir de rendre ce premier témoignage à M. Rolland-Banés, qu'il n'a cessé lui-même de s'inspirer des sentiments qui animent votre commission. Du reste, la lecture a dû vous convaincre que si le travail qu'il vous a soumis est remarquable par les connaissances techniques et scientifiques qui s'y révèlent, c'est par dessus tout une œuvre consciencieuse et sincère.

» Lorsque, pour la première fois, nous avons touché devant vous cette question, nous vous en avons indiqué la gravité en vous disant que le prix des charbons s'était élevé de près de 70 0/0 ; à la session dernière, nous avons accusé une nouvelle augmentation ; cette hausse ne s'est pas arrêtée, car ces jours derniers un de nos honorables collègues, grand consommateur de charbons, nous montrait les prix-courants d'une des plus grandes compagnies du Nord, et nous y avons constaté que, telle sorte qui valait autrefois *onze à douze francs* la tonne, est cotée aujourd'hui à *trente francs ;* soit, rendue à Rouen, 38 à 39 fr.

» Si vous vous reportez aux pages 5, 6 et 7 de la notice, vous reconnaîtrez, Messieurs, que cette cherté ne peut être attribuée uniquement à des causes accidentelles, mais qu'il faut bien lui reconnaître un caractère supérieur et permanent. Lorsque l'on considère que l'extraction actuelle des quatre pays producteurs : l'Angleterre, la Belgique l'Allemagne et la France, s'élève ensemble à 2,076,000,000 de quintaux métriques et que la consommation va toujours en augmentant et qu'elle double tous les quinze ans, on comprend facilement que le moindre temps d'arrêt dans l'extraction suffit pour rompre l'équilibre et provoquer une élévation de prix qui s'étend à tous les marchés. Tel est le fait qui s'accomplit sous nos yeux, et nous ne trouvons rien d'excessif dans les paroles de l'auteur, lorsqu'il dit : « Aujourd'hui, nous en sommes à la disette, demain ce sera la famine. »

» Et c'est à cause de cela que l'Assemblée nationale s'est émue de cette situation et qu'elle a nommé une commission chargée de lui faire un rapport sur les causes du surenchérissement de la houille.

» La consommation actuelle de la France s'élève annuellement à...... 225,000,000 quint. mét.

» Sa production à...... 150,000.000 — —

» La différence est de...... 75,000,000 quint. mét.
que nous sommes obligés d'aller chercher en Angleterre, en Belgique et en Allemagne ; c'est-à-dire que nous sommes tributaires, je pourrais dire dépendants de l'étranger, pour le tiers du combustible qui alimente l'activité de nos industries. Une pareille situation doit faire naître de sérieuses appréhensions dans l'esprit de ceux qui sont soucieux de l'avenir de notre pays. C'est pour nous, habitants de la Seine-Inférieure, en particulier, que les perspectives apparaissent redoutables, *quand on songe, que dès à présent, les charbonnages du Nord abandonnent complètement notre marché* et que cette année nous serons obligés de demander exclusivement à l'Angleterre les *huit millions de quintaux métriques* qui sont indispensables pour faire fonctionner nos établissements. Que ne devons-nous pas redouter d'une interruption, même momentanée, de nos relations avec l'Angleterre ou même la Belgique ! Vous figurez-vous les 200,000 ouvriers de toutes vos industries, avec leurs familles, frappés d'un chômage général, absolu ! L'esprit se trouble à cette pensée, et cependant un pareil événement n'est pas impossible. Nous avons connu la famine du coton, dont l'avènement possible avait été tant de fois renvoyé au domaine des chimères ; hier nous avions la guerre sur notre frontière de l'Est, et nous nous rappelons la thèse des économistes sur l'impossibilité de la guerre, en raison de la solidarité des intérêts des peuples. Demain cette guerre ne pourrait-elle pas éclater à l'Ouest? Aussi cette question surgit-elle forcément dans l'esprit de chacun : Est-ce que la France ne pourrait par être un pays houiller?

» Assurément la France possède d'assez nombreuses exploitations houillères, et si vous vous reportez à la planche II, vous constaterez que les gisements reconnus appartiennent à deux systèmes géologiques ; l'un, qui nous est propre, est représenté par le soulèvement du mont Pilat, près Saint-Etienne, et l'autre, qui appartient au soulèvement dit du Hainaut et se rattache, par conséquent, à la série des charbonnages qui va de l'Allemagne vers l'Angleterre. Notre région se trouve comprise dans cette dernière zône. Il est, par conséquent, certain que la France possède une foule de gisements encore inconnus, que la science, de plus en plus éclairée et précise, fera decouvrir.

» C'est ici que se place la question que vous vous êtes appliqué à résoudre ; elle se résume en quatre points principaux :

» 1° L'existence de la houille est-elle possible dans notre région ?

» 2° Si la probabilité est démontrée, à quelle profondeur peut-on la rencontrer ?

» 3° La profondeur étant déterminée, l'exploitation est-elle possible, est-elle pratique et permet-elle de soutenir la concurrence avec les houillères qui actuellement desservent notre département ?

» 4° Quelles sont les conditions de la recherche et quelles sommes faudrait-il consacrer pour atteindre aux limites où l'on peut espérer rencontrer la houille ?

» Nous allons essayer de répondre à ces diverses questions aussi simplement que possible par des indications générales et avec toutes les réserves que comporte notre incompétence dans la matière, et nous vous renvoyons à l'ouvrage de M. Rolland-Banès pour toutes les démonstrations scientifiques ou techniques que l'on pourrait désirer.

PREMIÈRE QUESTION.

» Lorsqu'on examine une carte de l'Europe (Voir pl. I) où sont figurées les diverses exploitations houillères, on est frappé tout d'abord d'un fait saillant : c'est que tous les gisements reconnus dans la partie Nord-Ouest de l'Europe se succèdent et se projettent dans le même sens, décrivant des courbes parallèles en partant d'un point Est pour aboutir à la Grande-Bretagne.

» Ainsi les charbonnages du Nord de la Prusse commencent une ligne qui se continue par ceux d'Aix-la-Chapelle, de la Belgique, du département du Nord, du Pas-de-Calais, du pays de Galles pour aboutir à Limerick, en Irlande, vers l'embouchure du Shannon.

» Une autre grande ligne part de Cracovie (Pologne), se continue par les mines de Prague (Bohême), Sarrebruck, et vient aboutir aux mines de Littry (Calvados), et du Plessis (Manche).

» Si l'esprit se reporte alors au temps du monde primitif, à l'époque des formations carbonifère, on arrive à se figurer forcément d'immenses vallées sillonnant l'Europe de l'Est à l'Ouest, débouchant dans l'Atlantique et dans lesquelles des marécages, des lacs, des cours d'eau plus ou moins stagnants donnaient naissance à des végétations aquatiques et servaient de réceptacles aux torrents qui charriaient les arbres des forêts comme nous le voyons encore de nos jours dans le Nouveau-Monde, et où enfin venaient s'accumuler les forêts entières entraînées par les eaux diluviennes accompagnant les cataclysmes du sol.

» *Notre contrée se trouve précisément comprise dans le tracé d'une de ces grandes vallées primitives* que nous venons d'essayer de décrire, sans discontinuité, car la Manche n'existait pas à cette époque.

» Première indication ou première chance, si l'on veut, pour que notre région puisse receler un gisement houiller.

» Une autre remarque générale a été faite dans l'examen des gisements carbonifères, c'est que tous s'enfoncent au-dessous du terrain jurassique (teinté en bleu dans chaque planche de la notice).

» Vous le savez tous, Messieurs, ce terrain existe dans notre région : il se révèle par affleurement dans le pays de Bray, en un point bien connu et que les géologues ont appelé le soulèvement ou la *boutonnière* du pays de Bray ; on le rencontre à Rouen, à 30 mètres au-dessous du sol, et il est exploité au pied des falaises de la Hève au Havre pour la fabrication de la chaux hydraulique.

» Deuxième indication, *deuxième chance plus accentuée* de la possibilité de l'existence de la houille dans la circonscription de la Seine-Inférieure.

» Mais il est une troisième indication plus significative, qu'il importe de bien saisir : chacun sait que la houillère de Littry (Calvados) est un affleurement qui fut mis en exploitation, vers le milieu du siècle dernier, à peu près à la même époque que les mines d'Anzin. Ce gisement de composition inégale et irrégulière, s'étant épuisé dans ces derniers temps, l'on dut pratiquer des sondages et l'on a retrouvé la houille en un endroit appelé Fumichon, à une profondeur de 200 à 300 mètres, en quantité plus abondante et de qualité supérieure, à ce point que la compagnie des gaz parisiens en absorbe la majeure partie.

« Si l'on considère l'ensemble et l'aspect physique des trois exploitations : du Plessis, de Littry et de Fumichon, on reconnaît que ces trois gisements sont des bâches reliées entres elles par le terrain houiller, formant une espèce de chapelet ; qu'elles décrivent une ligne fortement inclinée qui s'enfonce au-dessous du terrain jurassique dans la direction de l'Est. Est-il téméraire, d'après cette double observation de la richesse croissant avec la profondeur et de la direction du gisement vers l'Est, d'en conclure que, *de ce côté, doit exister l'accumulation principale*, c'est-à-dire dans la direction de la Seine-Inférieure, autrement dit en se rapprochant du milieu de la grande vallée primitive que nous avons décrite plus haut.

» Telles sont les trois indications sur lesquelles nous appuyons la démonstration de la possibilité de l'existence de la houille dans notre région :

» 1° Que le département de la Seine-Inférieure se trouve compris dans la zône carbonifère qui part de Cracovie, passe par Prague, Sarrebruck, Littry et le midi de l'Angleterre ;

» 2° Qu'il est constant que partout où l'on a reconnu le terrain houiller, partout il s'enfonce au-dessous du terrain jurassique ; notre département, nous le rappelons, possède à la surface ou à une faible profondeur, le terrain jurassique ;

» 3° Enfin, que la houillère de Littry, par sa constitution, par l'inclinaison prononcée dans la direction de l'Est, au-dessous du terrain jurassique, indique la possibilité d'une puissante formation houillère du côté de la Seine-Inférieure.

DEUXIÈME QUESTION.

» La possibilité étant établie, il importe de déterminer à quelle profondeur il conviendrait de pénétrer pour arriver à un résultat certain et définitif.

» Cette question a été assez vivement débattue et controversée ; cependant sur ce point nous sortons du domaine de l'hypothèse et nous arrivons aux calculs de probabilité; on possède des données assez précises pour qu'elles puissent servir de base à des calculs satisfaisants. M. Fuchs dit : de 7 à 800 mètres ; d'autres savants vont à 1,000 ou 1,100 mètres ; M. Rolland-Banès, prenant note des sondages opérés à Grenelle, à la Chapelle-Saint-Denis, à Meulers, à Rouen et au Havre et de toutes les données fournies par la science de la géologie, conclut à 8 ou 900 mètres. Nous avons adopté ce dernier chiffre qui nous a paru sagement déduit et qui d'ailleurs a pour lui des autorités scientifiques du plus haut mérite. C'est le chiffre que nous allons examiner en répondant à la troisième proposition que nous avons établie.

TROISIÈME QUESTION.

» La profondeur étant déterminée, l'exploitation est-elle possible ; est-elle pratique et permet-elle d'affronter la concurrence avec les houillères qui actuellement desservent notre département ?

» La profondeur présente un inconvénient que l'on ne peut méconnaître ; mais elle est loin de constituer un obstacle infranchissable ; des exploitations minières existent à des profondeurs qui dépassent celle que nous avons admise : » à Epinac, dit M. Fuchs, on installe le puits Hottinger pour » extraire le charbon aux profondeurs de 7 et 800 mètres et » l'on étudie les moyens pour aller à 1,000 mètres et au-» delà. »

» A proprement parler, c'est une question de dépenses en combustible pour faire mouvoir les appareils élévateurs. Reste à savoir si le produit pourra soutenir la concurrence, grevé de frais inhérents à une exploitation installée dans de pareilles conditions ?

» Si nous prenons pour point de comparaison le charbon anglais, nous trouvons, qu'en temps ordinaire, l'écart entre le prix d'achat, au carreau de la mine, et celui de la livraison au quai de Rouen, est ordinairement de 15 fr. par tonne. Si au contraire nous prenons pour exemple le prix des charbons venant de Charleroi et de Mons, nous trouvons que l'écart entre le prix à la mine et celui de la vente à Rouen est de 12 à 13 fr. Nous laissons de côté la concurrence des charbonnages du Nord et du Pas-de-Calais, puisque eux-mêmes ont pour régulateurs la concurrence des charbons belges, c'est-à-dire la différence du transport augmenté du droit d'entrée de 1 fr. 20. Or, un écart de 12 à 13 fr. n'est pas à mettre en parallèle avec les frais d'élévation à quelque profondeur que l'on descende. Les difficultés de la concurrence reposent principalement : sur la puissance de la couche, la qualité du combustible et les conditions du plafond. Or, c'est aux grandes profondeurs que se rencontrent ordinairement le moins de failles et les couches les plus horizontales. L'important est donc de trouver le gisement et qu'il soit assez riche pour mériter d'être exploité. Enfin, nous arrivons à la quatrième question.

QUATRIÈME QUESTION.

» Quelles sont les conditions de la recherche et quelles sommes faudrait-il y consacrer pour atteindre aux limites où l'on peut espérer rencontrer la houille?

» M. Rolland-Banès vous dit que des ingénieurs conseillent de donner un grand diamètre aux sondages en général et il vont jusqu'à proposer un mètre d'ouverture initiale; les savants insistent dans ce sens; mais les hommes pratiques admettent volontiers qu'une ouverture de cinquante centimètres est suffisante. Ce diamètre permet d'étudier sans difficulté la nature des terrains traversés, et en arrivant à la profondeur de 1,000 mètres, il conserve encore de 15 à 20 centimètres d'étendue.

» Le prix d'un pareil sondage, y compris le tubage indispensable, est évalué, d'après un premier devis des principaux entrepreneurs, à 390,000 fr. La durée du travail, en prenant pour point de comparaison des travaux poursuivis dans des conditions analogues, serait de cinq à six années. Tel est le dernier mot d'une pareille entreprise.

» Résumons maintenant les diverses solutions que nous avons eu l'honneur de vous soumettre :

» Premièrement, l'examen de la carte physique de l'Europe, au point de vue des formations houillères, indique l'existence possible de la houille dans notre région. L'étude des houillères du Plessis, de Littry et de Fumichon et leur inclinaison dans la direction de l'Est sous le terrain jurassique démontre l'existence possible d'un gisement dans la Seine-Inférieure ;

» Secondement, l'épaisseur des couches géologiques à traverser avant de parvenir au point où peut exister le gisement, est évaluée à la moyenne de 900 mètres ;

» Troisièmement, la dépense pour opérer un sondage avec un diamètre initial de 50 centimètres, jusqu'à la profondeur indiquée, s'élève à 390,000 fr., et la durée du travail est évaluée à six années.

» Voici donc les trois termes essentiels précisés ; mais, comme le dit avec une sage réserve M. Rolland-Banès, un sondage, même dans les pays d'extraction, *est toujours un aléa ;* la sonde peut descendre au milieu d'un bassin, comme elle peut passer à côté ; il serait donc utile que plusieurs sondages fussent entrepris sur divers points du département, afin d'en explorer toute l'étendue. Trois sont indiqués comme devant répondre plus particulièrement aux conditions exigées ; nous allons les faire connaître avec les raisons qui motivent la préférence à leur donner.

» L'un pourrait être établi dans le pays de Bray où le soulèvement qui le caractérise laisse supposer que l'épaisseur des couches géologiques pourrait être moindre, puisqu'elles ont offert une moindre résistance à l'action des forces souterraines. Ajoutons que cette contrée qui occupe l'emplacement d'un ancien bras de mer offre en outre la chance de rencontrer un gisement de sel gemme.

» Le second serait à Rouen, dans le voisinage de la côte de Sainte-Catherine, soulèvement remarquable, qui a fixé depuis longtemps l'attention des géologues. Nous l'avons dit, le terrain jurassique s'y rencontre à 30 mètres au-dessous de la surface du sol. Ajoutons que Rouen est le centre de la grande consommation du charbon ; en effet, son port maritime, son port fluvial et les chemins de fer lui apportent annuellement de 450 à 500,000 tonnes de charbon. Ce point, indépendamment des raisons géologiques, se recommande donc par l'importance de ses besoins.

» Le troisième, enfin, pourrait être à proximité du Havre, attendu qu'il se trouverait directement dans la projection de la ligne des houillères du Calvados.

» En somme, trois sondages semblent nécessaires, et il serait à désirer qu'ils fussent entrepris simultanément, car du moment que chaque opération ne peut pas durer moins de six années, si l'on ne devait les exécuter que successivement, en supposant que les deux premiers n'eussent pas donné le résultat cherché, il faudrait une période de *dix-huit années* pour épuiser le programme que nous avons tracé.

» Mais, nous ne pouvons le méconnaître, trois sondages, représentant une dépense au minimum de 1 million 170,000 francs, qu'une sage prévoyance doit faire porter à 1 million 500,000 fr., constituent un sacrifice majeur ; mais nous ne devons non plus perdre de vue la gravité des motifs ni la grandeur du but. Ce n'est pas d'aujourd'hui que la question se pose, nos pères l'avaient déjà abordée dès le milieu du siècle dernier avec une résolution admirable, alors que le charbon était bien loin d'avoir le rôle important qu'il a acquis de nos jours, alors surtout que les moyens de recherche étaient loin d'être aussi rapides et aussi économiques qu'ils le sont devenus aujourd'hui ; le puits de Meulers, commencé en 1796 et conduit en 1806 à la profondeur de 333 mètres, est une entreprise, eu égard au temps et aux circonstances, qui dépassse en importance, ne l'oublions pas, celle qui se présente en ce moment à nous ! Les difficultés sont sérieuses, majeures, le sacrifice est considérable ; sont-ce là des raisons assez puissantes pour que l'on renonce à cette entreprise ? Votre commission ne l'a pas pensé : à l'unanimité, elle a été d'avis que nous ne devions pas reculer devant l'accomplissement de cette tâche ; elle croit qu'il ne peut convenir au Conseil général de passer à côté de ce problème, alors que les circonstances en réclament si impérieusement la solution.

» Mais 1,500,000 fr. constituent, en tout état de cause,

une grande dépense, et 250,000 fr. à acquitter pendant six années sont une lourde charge. A ce point de vue, les hésitations étaient naturelles et, en tous cas, la proposition méritait une sérieuse attention. Votre commission a donc prié M. le Préfet de vouloir bien lui donner son avis.

» M. le Préfet n'a pas hésité à nous déclarer qu'il s'associait à toutes les pensées exprimées par la commission ; il nous a déclaré qu'il croyait bon, qu'il considérait comme étant du plus haut intérêt *que l'on arrachât son secret à la terre* ; mais qu'il ne pouvait se défendre de la préoccupation qu'une pareille charge ferait peser sur les finances du département, bien que la dépense dût être répartie en six annuités ; qu'il est vrai, nous avions le regret de voir la construction de nos chemins de fer d'intérêt local retardée pour un certain temps, ce qui permettrait de disposer de ressources importantes, mais que cependant il verrait avec satisfaction les chambres de commerce et les chambres consultatives prendre sous leur patronage l'ouverture de souscriptions en vue de contribuer à une part quelconque de la dépense ; qu'il avait la conviction que ce concours ne pouvait faire défaut, puisque déjà la chambre de commerce de Dieppe, par une initiative qui lui fait le plus grand honneur, avait réuni des sommes importantes en vue de la recherche de la houille. Enfin M. le Préfet nous a déclaré que le budget du département pouvait supporter, sans inconvénient, le tiers de la somme demandée, c'est-à-dire 500,000 francs.

» Votre commission, après en avoir délibéré, est arrivée à cette conclusion, à la majorité de quatre voix contre une, que tous les éléments de la richesse du département : industrie, navigation, agriculture, étaient reliés par une intime solidarité, que ce qui profite à l'un ajoute à la prospérité de l'autre ; elle est d'avis qu'il y a lieu, par ce motif, à demander ce sacrifice au budget du département. Hâtons-nous de dire que le membre dissident formant la minorité ne repousse ni l'utilité de l'entreprise, ni le principe de la proposition ;

qu'il n'est préoccupé que de l'importance de la somme réclamée au budget départemental ; qu'il demanderait de ne laisser qu'un seul sondage à la charge du département, et que, dans ce cas même, il serait tout disposé à aller au-delà du contingent indiqué s'il était nécessaire.

» Pénétrée de l'importance de ces motifs, votre commission a désiré s'entourer de nouveaux renseignements, avant de procéder à un vote définitif ; elle s'est ajournée à huitaine, et voici la proposition qu'elle a l'honneur de vous soumettre :

» Considérant que l'industrie et la navigation se transforme de jour en jour et tendent manifestement à n'utiliser que les forces mécaniques ; que la vapeur est devenue l'agent principal de la force motrice, que la houille est le générateur exclusif de la vapeur ;

» Considérant que le département de la Seine-Inférieure est aux premiers rangs de ceux qui utilisent la vapeur ; qu'il est à désirer que l'emploi en soit généralisé ;

» Considérant que sa consommation, dès à présent, s'élève annuellement à environ huit millions de quintaux métriques, que cette consommation tend manifestement à se développer ;

» Considérant que le prix élevé auquel est parvenue aujourd'hui la houille, constitue une gêne sérieuse pour le fonctionnement du travail industriel ; qu'il entrave le développement des diverses industries ; qu'il n'est pas exagéré de concevoir des craintes pour leur existence dans l'avenir ;

» Considérant qu'en raison des motifs sus-indiqués, il serait du plus haut intérêt que le département de la Seine-Inférieure possédât dans sa circonscription des exploitations houillères ; que cette découverte contribuerait à la prospérité générale ;

» Considérant que les savants n'ont jamais nié d'une manière formelle qu'un gisement houiller pût exister dans notre circonscription ; que les études demandées à M. Rolland-Banès, par le Conseil général, démontre au contraire que la possibilité d'un gisement dans la Seine-Inférieure est parfaitement admissible ;

» Considérant qu'à ce titre il est d'intérêt public que des recherches soient entreprises ;

» Par ces motifs, votre commission a l'honneur de vous proposer de décider : que trois sondages devront être entrepris et poursuivis jusqu'à la profondeur où peut exister le terrain houiller ;

» Mais considérant qu'une dépense de 1,500,000 fr. constitue une lourde charge pour le budget départemental et pourrait gêner l'exécution d'autres entreprises non moins intéressantes ;

« Votre commission vous propose de ne mettre que le tiers de cette dépense à la charge du département, espérant que l'initiative privée fournira le surplus. »

M. le Président appelle le Conseil à délibérer sur le rapport aussi intéressant que bien exprimé dont il vient d'entendre la lecture.

M. Le Cesne se propose de combattre les conclusions du rapport dont il repousse les tendances, malgré les séductions de la forme et du style.

Ce document traite la question au point de vue commercial, économique et géologique.

Au point de vue commercial, il est constant que c'est la hausse de la houille qui a déterminé le travail qu'on présente au Conseil. D'où vient cette hausse d'environ 100 0/0 ?

A cet égard, je ne partage pas, dit l'orateur, l'opinion du

rapporteur. Si cette hausse était provoquée par l'épuisement des houillères, soit de France, soit de l'étranger, je comprendrais qu'on cherchât des remèdes, plus ou moins bons, au mal. Mais telle n'est pas la cause de la hausse.

Diverses circonstances, résultant des événements de 1871, ont produit un vide qu'il a fallu combler. L'équilibre a été rompu entre l'offre et la demande. La demande a dominé, et de là est venue naturellement la hausse dont on se plaint.

Cette hausse est à son apogée, et elle a déjà subi un mouvement de recul. Elle aura pour résultat évident de stimuler la production, et l'offre surpassant alors la demande, nous en reviendrons aux prix anciens.

Au point de vue économique, je suis carrément opposé à l'ingérence du département dans une entreprise industrielle. Il est d'ailleurs fâcheux d'habituer les populations à toujours compter sur une manne céleste qui leur tombe des hauteurs administratives. Elles en viendront à exiger de l'Etat, après la houille à bon marché, le blé à bon marché. Puis elles se plaindront du beau temps qui par l'abondance amène l'avilissement des denrées.

Laissez nos industriels se tirer d'affaire eux-mêmes; qu'ils constituent une compagnie de recherche ; qu'on la forme au capital de 10 fr. par action, si l'on veut. En cas d'insuccès la perte ne sera pas grande.

Au point de vue géologique, que vous offre-t-on ? Une espérance ? Non, une chance seulement, ce qui justifie ce mot d'un de nos collègues : Nous avons des dépenses facultatives et obligatoires, nous aurons des dépenses aléatoires.

Il n'y a en effet rien de plus aléatoire qu'une mine. C'est un engrenage ; quand on y a mis le doigt, le corps y passe tout entier. Pouvons-nous engager nos successeurs dans une pareille entreprise.

J'avais admis les 6,000 fr. pour des recherches scientifiques. Cela était dans notre rôle, mais nous ne pouvons pas aller plus loin et lancer les finances du département dans des aventures. Je voterai donc contre les conclusions du rapport.

M. Cordier, rapporteur, rappelle les conditions dans lesquelles la question s'est trouvée engagée. Elle est née de la situation que fait à l'industrie la hausse énorme de la houille.

Je ne partage pas, dit l'orateur, l'opinion de M. Le Cesne sur le caractère de cette hausse. Je ne la considère pas comme un fait purement temporaire, et je ne peux espérer qu'après la hausse exagérée nous en viendrons à l'avilissement.

Sans doute quand le calicot, par exemple, atteint un prix élevé, la production est surexcitée et amène au bout d'un certain temps l'abaissement du prix. Mais il n'en est pas de même pour la houille, à cause des difficultés d'exploitation.

Cette exploitation exige un délai considérable, et pendant ce délai la consommation n'attend pas. On sait qu'elle double dans une période de quinze ans. La production ne peut pas la suivre. La cherté donc a, malheureusement, de trop certaines garanties de durée.

Je m'associe à la pensée de M. Le Cesne sur le danger que présente un recours incessant aux fonds de l'Etat; cependant, il y a des travaux qui ne peuvent s'en passer. Aurait-on fait sans ce concours les travaux de la basse Seine, dont on contestait si fort l'utilité et la nécessité? Aurait-on fait même les grands travaux du port du Havre?

Si nous avions le trouvé moyen de faire contribuer à la dépense ceux qui doivent en profiter, nous n'aurions pas hésité à vous le proposer; mais ce moyen n'existe pas.

Il y a cependant un cas où l'on pourrait rentrer dans ses déboursés ; ce serait en cas de succès. En effet, celui qui découvre une mine doit être indemnisé de ses déboursées par la Compagnie qui exploite. En cas de succès donc, vous n'aurez fait qu'une simple avance?

Quand au résultat en lui-même, nous n'affirmons rien. Nous vous apportons la question dans l'état où la science nous l'a livrée. Nous avons à vous demander s'il est intéressant pour le département d'avoir de la houille ? Cela n'est pas douteux : avec la houille, nous qui avons tant de peine à supporter la concurrence étrangère, nous ferions à notre tour craindre la nôtre. Cela mérite bien qu'on tente une aventure.

Il n'y a pas de certidude, il n'y a qu'une probabilité ; s'il y avait certitude on n'aurait pas besoin de vous.

Il est possible qu'il y ait un moment de recul dans la hausse, mais il est certain que les houillères de France et de Belgique ne nous envoient plus une tonne de charbon.

Pour tous ces motifs et avec cette réserve exprimée bien haut, que nous sommes en présence d'un *aléa*, nous vous demandons d'adopter les conclusions de votre commission.

M. le Préfet : La commission a provoqué les explications de l'administration préfectorale. Ces explications n'ont porté que sur la combinaison financière qui permettrait de faire face à la dépense.

J'ai dit qu'il serait préférable qu'on pût, au moyen des souscriptions des particuliers et des Chambres de commerce, faire face aux recherches pour arracher à la terre son secret, J'ai ajouté qu'il serait très dangereux de s'engager dans une voie au bout de laquelle on aurait peut-être une déception, et de s'exposer, après avoir été soutenu par l'opinion, à être abandonné par elle.

Quant à la somme de 1,500,000 fr. et même d'un million dont on a parlé, j'ai dit qu'elle était au-dessus des forces du budget; mais que si la demande de la commission ne dépassait pas 500,000 fr., il serait possible de trouver en deux ou trois ans cette somme sur les ressources du budget, sans recourir à la surimposition.

M. Peulevey : Le rapport indique qu'un chiffre de 1,500,000 francs est nécessaire pour faire les recherches, et que sur cette somme le département fournira 500,000 fr. Pour le surplus, on fera appel à des souscriptions diverses.

Pendant combien de temps ces 500,000 fr. resteront-ils au budget? Pendant combien de temps attendra-t-on la réalisation des souscriptions à venir.

Nous ne pouvons admettre que ce crédit conditionnel de 500,000 fr. s'éternise dans nos budgets.

M. Cordier : Cette question a été agitée dans la commission; on a fait remarquer qu'avec les 500,000 fr. qui seraient alloués par le Conseil, on ne pourrait faire qu'un seul sondage, et qu'il faudrait attendre pour faire le reste que les souscriptions particulières eussent apporté leur contingent.

M. Peulevey : Cette déclaration doit appeler l'attention du Conseil. On pourrait, en effet, s'engager à courir les chances de la recherche, si on faisait les trois forages : on aurait alors trois chances de succès; mais il n'en est pas de même si on ne doit creuser qu'un seul puits aux frais du département, avec la probabilité que les souscriptions ne viendront pas pour les deux autres.

M. Le Cesne aurait compris une association entre le département et l'initiative privée, c'est-à-dire qu'on donnât 500,000 fr. à condition que d'autre part on donnerait un million.

S'il en est autrement, le département est menacé de supporter la charge totale de 1 million 500,000 fr. et, dans ce cas, la question est jugée.

M. Labarbe n'admet pas que la charge tout entière incombe au département, il hésiterait à concourir même pour un tiers de la dépense ; mais si la certitude de trouver les deux autres n'existe pas, l'affaire est impossible.

Le Conseil ne doit donner les 500,000 fr. que si le million, produit de souscriptions particulières, est positivement réalisé.

M. le général Robert : En ordonnant les études dont le résultat est aujourd'hui sous les yeux du Conseil, vous avez rendu un premier et important service au département.

Dans quelles conditions cette étude a-t-elle été faite ? Nous le verrons en nous reportant au rapport présenté l'année dernière par l'honorable M. Cordier.

« Il est superflu de vous faire remarquer, dit-il, que la proposition que nous avons l'honneur de vous soumettre ne tend, en quoi que ce soit, à vous jeter dans une entreprise d'exploitation houillère ; il ne s'agit simplement que de faciliter des études scientifiques en vue de la solution d'un problème qui intéresse au plus haut point la prospérité de notre département. »

Il s'agit donc d'études scientifiques. Devons-nous aller plus loin et donner suite à des projets si coûteux, avant de consulter des corps savants, comme l'Académie des sciences ou le conseil supérieur des mines. En somme, vous n'avez que l'opinion d'un seul homme.

Maintenant comment l'opération, si elle était décidée, serait-elle conduite ? Le département fera-t-il les fouilles ? Par qui seront-elles dirigées ? Une compagnie se formera-t-elle pour ces travaux, et, dans ce cas, quelles garanties devra-t-elle offrir ?

Toutes ces questions ne sont pas résolues et pourraient motiver le renvoi du rapport à la commission.

M. Besselièvre dit qu'après avoir entendu M. Rolland-Banès, il considère que la chance de trouver un gisement de houille est suffisamment démontrée. Sa conviction est telle qu'il n'avait pas hésité à proposer de mettre toute la dépense à la charge du département.

Il eût été digne du Conseil de se mettre à la tête d'une entreprise qui est pour l'industrie du département non-seulement une question de fortune, mais une question d'existence.

Trois forages en sept années représentent une annuité de 200,000 fr., un peu moins que le produit de deux centimes additionnels au principal des quatre contributions, ce n'est pas un sacrifice disproportionné avec le résultat qu'on pourrait obtenir.

Quel serait ce résultat ? La différence entre le prix de la houille sur le carreau de la mine et son prix à Rouen est de 12 à 15 fr. Si vous trouvez la houille, en admettant même que l'on ne fasse qu'un bénéfice de 6 fr. par tonne, cela ferait, pour les 800,000 tonnes que nous consommons annuellement, un bénéfice de 4,800,000 fr. par an.

Toutefois, devant les observations de M. le Préfet, je n'ai pas persévéré dans ma pensée première, mais je crois que vous devez adopter l'allocation de 500,000 fr.

Vous devez la voter avec cette condition que, dans un delai de deux ans, une somme de 1 million sera réalisée au moyen de souscriptions particulières ; elles ne feront pas défaut à cette œuvre nationale et patriotique.

M. le général Robert : Le livre de M. Banès portait la dépense nécessaire à 2 millions.

M. Cordier : Après un échange d'observations, il a été reconnu que le chiffre de 1,500,000 fr. suffirait largement.

M. Besselièvre : Ce chiffre repose sur des données certaines. Chaque puits ne coûtera pas plus de 390 à 400,000 fr. d'après des devis fournis par les entrepreneurs de sondages les plus compétents.

M. Denoyelle, en raison de la gravité de la question, demande que le vote soit remis à demain.

Le conseil décide que la discussion continuera.

M. Besselièvre dépose un amendement qui propose de voter 500,000 fr., à condition que 1 million serait fourni par l'initiative privée : les souscriptions des chambres de commerce, une compagnie présentant les garanties désirables, et cela dans le délai de deux ans.

M. Cordier : La commission accepte l'amendement de M. Besselièvre.

M. Labarbe demande le renvoi à la prochaine session. D'ici là, une compagnie pourra se présenter avec un capital de un million.

Cette motion n'est pas appuyée.

M. Bazan : Quand le capital de 1,500,000 fr. sera constitué on trouvera un entrepreneur qui agira au compte du département ou des souscripteurs.

Il s'agit d'abord de constituer une association où le département entrera pour 500,000 fr. et les particuliers pour un million. Quand la société sera formée, on décidera comment elle sera administrée.

M. Le Cesne : La compagnie sera d'abord une compagnie de recherche. Elle fera le forage au moyen de fonds fournis par 100,000 souscripteurs à 10 fr. par exemple. Si les recherches aboutissent, la compagnie deviendra une compagnie d'exploitation, et les souscripteurs auront droit à un certain nombre d'actions.

M. Ducoté demande pour le compte de qui les travaux seront exécutés. Il est très-important de fixer ce point.

Il y a quelques années, on a fait des recherches à Sotteville. On n'a pas trouvé de houille, on a trouvé une multitude de procès.

Les souscripteurs qui avaient versé 200 fr., et se croyaient quittes, ont été obligés de supporter les condamnations encourues par la compagnie.

Il importe donc de décider que le département restera étranger à l'exécution et qu'il ne pourra être engagé au-delà de la somme convenue.

M. le général Robert dépose un amendement ainsi conçu :

« Le Conseil général, disposé à aider par une subvention la recherche de la houille dans le département, ajourne provisoirement toute résolution sur cette question. »

M. Cordier repousse cet amendement qui équivaudrait, selon lui, au rejet du rapport.

M. le Président fait observer que le Conseil général ne peut pas voter une somme de 500,000 fr. sans savoir comment serait organisée l'entreprise, ni à qui la subvention serait versée. — Serait-ce une compagnie ou le département lui-même qui entreprendrait les recherches ? Il croit que, si la commission demande que le projet lui soit renvoyé afin qu'elle puisse formuler une proposition plus complète, ce parti serait le meilleur.

M. Cordier demande le renvoi à la commission, qui fera un rapport supplémentaire avant la fin de la session.

Le renvoi est ordonné.

Séance du 30 Août 1873

M. Besselièvre, au nom de la commission de la recherche de la houille, présente au Conseil l'amendement suivant :

» La commission, adoptant les considérants formulés dans le rapport qui a été présenté au Conseil général, propose au Conseil de décider qu'une somme de 500,000 fr. sera consacrée à favoriser la recherche de la houille dans le département de la Seine-Inférieure.

» Cette somme de 500,000 fr. sera inscrite au budget départemental en cinq annuités de 100,000 fr. chacune.

» Cette somme de 500,000 fr. sera attribuée, à titre de subvention, à une compagnie ou société légalement constituée, ayant pour but de poursuivre la recherche de la houille dans le département de la Seine-Inférieure, présentant des garanties que le Conseil général se réserve d'apprécier, de concert avec M. le Préfet, et pouvant justifier d'un capital de 1 million de francs réalisable dans le délai de cinq années, et constitué, soit par souscriptions d'actions, soit par subventions des chambres de commerce ou autres.

Il est d'ailleurs bien entendu :

« 1° Que la société de recherches devra être constituée dans le délai de deux années ;

» 2° Que la société n'aura droit à la subvention départementale qu'à la condition de s'engager à entreprendre dans le département trois sondages simultanés et à les poursuivre jusqu'à la profondeur où peut exister le terrain houiller, ou tout au moins jusqu'à la profondeur de 1,000 mètres pour chacun des trois forages ;

» 3° Que le département, qui ne veut se faire ni entrepreneur, ni spéculateur, abandonne comme subvention à l'entreprise les 500,000 fr. votés, sans pouvoir jamais être engagé au-delà, soit par suite d'une augmentation des dépenses, soit par suite de toute autre circonstance imprévue, sans excepter même les cas de force majeure.

» Le Conseil invite M. le Préfet à donner la plus grande publicité à la résolution qu'il a adoptée, et remet à une session ultérieure à statuer sur les propositions qui pourront lui être soumises. »

M. Besselièvre ajoute que la commission a tenu compte des objections qui se sont produites, et croit leur avoir donné satisfaction.

On craignait que le département ne s'engageât dans une entreprise non-seulement incertaine, mais dangereuse, et on avait rappelé une précédente entreprise du même genre qui avait été pour ses actionnaires une cause de nombreux procès.

Ce danger n'existe pas dans l'espèce ; le département ne sera pas engagé au-delà de la somme votée. Il est en outre convenu que la société de recherches sera constituée dans un délai déterminé. Dans le cas où un traité interviendrait avec une société, le département se réserve le droit de fixer certaines conditions de détail qu'il est inutile de préciser dès à présent.

La commission a adopté ce nouveau projet à l'unanimité, et elle espère que cette unanimité se retrouvera dans le sein du Conseil.

Nous terminerons nos travaux, dit l'orateur, en prouvant d'une manière éclatante que si nous sommes divisés sur quelques questions de principe ou de politique, nous sommes unanimes sur toutes celles qui ont pour objet d'assurer la prospérité du grand département que nous représentons.

M. Ducoté répond par le dépôt de l'amendement suivant qu'il demande au Conseil de voter :

« Le Conseil général,

» Considérant que le crédit demandé est considérable ;

» Que l'opération est des plus aléatoires et que, d'après les auteurs mêmes de la proposition, le résultat est douteux.

» Que, dans ces circonstances, le Conseil général engagerait gravement sa responsabilité s'il votait le crédit demandé sans avoir préalablement soumis au contrôle du Conseil supérieur des mines le travail, d'ailleurs fort consciencieux et remarquable, de M. Rolland-Banès.

» Considérant que pendant l'instruction de l'affaire, les chambres de commerce et l'industrie privée auront la possibilité de prouver leur foi dans l'entreprise, par l'importance de leurs souscriptions ;

» Par ces motifs :

» Le Conseil général surseoit à statuer jusqu'à la session d'avril et décide que d'ici-là, M. le Préfet devra soumettre le travail de M. Rolland-Banès à l'examen du comité supérieur des mines, en priant ce comité de répondre aux questions suivantes :

» 1° Y a-t-il chance sérieuse de trouver, dans le département de la Seine-Inférieure, de la houille dans des conditions où l'exploitation industrielle sera possible ?

» 2° Sur quels points les recherches devront-elles être entreprises ?

» 3° Quelle dépense entraîneront les trois puits de forage ? »

M. le Général Robert rappelle qu'il a proposé hier une résolution analogue, indiquant toutefois l'intention du

Conseil de concourir aux travaux de recherches dans le département.

M. Cordier : La commission repousse l'amendement de M. Ducôté. Quelles en seraient, en effet, les conséquences ?

On propose de consulter le conseil supérieur des mines, probablement parce qu'on trouve que le travail de la commission n'est pas suffisamment clair et complet.

C'est une question préalable qu'on peut s'étonner de voir se produire au dernier moment.

L'honorable membre pense que le conseil supérieur des mines ne répondra pas. Ce n'est ni sa mission, ni son rôle de donner des consultations de ce genre ; les membres ont d'autres attributions, il se récuseront.

La commission, si elle n'était liée par une réserve que tout le monde comprendra, pourrait dire quelles ont été ses relations avec des membres éminents du conseil supérieur.

La démarche qu'on propose serait inutile ; il y aurait d'ailleurs à faire remarquer que les corps savants, en tant que corporations, n'ont pas mission de poursuivre les découvertes qui restent le domaine et l'honneur de chacun de leurs membres. L'Institut a traité de chimère la découverte de Fulton ; celles des Niepce et Daguerre ont été longtemps niées.

La commission à la conviction qu'elle a rempli son devoir dans la mesure de ses forces ; elle n'a point d'étude nouvelle à faire. Elle a levé les objections qui avaient été soulevées ; elle a répondu aux sages et prudentes préoccupations qui se sont produites.

Si ces conclusions paraissent bonnes et utiles, qu'on les adopte. Mais si le Conseil est d'un avis contraire, il serait plus digne de rejeter ces conclusions que d'en prononcer l'ajournement.

M. Ducoté rappelle dans quelles conditions modestes la question a été introduite. Il s'agissait d'études scientifiques pour lesquelles on a été heureux de voter un crédit de 5 à 6,000 fr.

Les choses ont bien changé de face. Il s'agit aujourd'hui d'une opération, d'une entreprise et d'une dépense de 500,000 fr.

Avant d'en arriver là, n'y a-t-il pas des précautions à prendre, et le Conseil est-il suffisamment éclairé ?

L'honorable membre, tout en rendant hommage aux travaux distingués de M. Rolland-Banès et au rapport remarquable de M. Cordier, ne peut être de cette avis.

Y a-t-il une chance sérieuse? on n'ose pas nous le dire. On parle d'une possibilité, est-ce suffisant pour motiver un vote de 500,000 fr. ?

L'amendement demande que le conseil supérieur des mines soit consulté. C'est assurément là qu'on trouvera les hommes les plus compétents.

Si, comme l'a fait pressentir le rapporteur, le conseil des mines a déjà été consulté, si on a reçu une approbation, qu'on le dise, et bien des objections seront levées.

Mais jusque-là, l'honorable membre estime que le Conseil n'est pas suffisamment éclairé pour voter le crédit de 500,000 fr.

M. Cordier ajoute qu'on ne saurait obtenir une réponse précise du conseil supérieur des mines.

En tout cas, il ne faut pas toujours s'en tenir aux seules affirmations des corps savants. Nous avons vu comment le conseil des ponts-et-chaussées a apprécié le réseau des chemins de fer dont le Conseil général avait arrêté les bases et proclamé la nécessité.

Les corps obéissent à des préoccupations qui, trop souvent, leur sont personnelles.

Nous l'avons dit, continue l'honorable membre, il n'y a pas de certitude et personne ne peut vous la donner, pas plus un corps savant que votre commission.

M. Labarbe : La question est importante et tout le monde reconnaît l'avantage qu'il y aurait pour le département à découvrir le charbon, mais les difficultés d'exécution sont considérables.

J'avais demandé que l'on restât sous l'impression du rapport et que la solution fût ajournée à la prochaine session. D'ici à cette époque des intérêts pourraient se grouper, chacun de nous pourrait consulter des hommes spéciaux.

Quant à présent, nous n'avons que l'opinion d'un seul homme, juge très compétent, mais unique : nous n'avons aucune certitude de la part de la commission. Est-il possible, dans ces conditions, de voter une somme de 500,000 fr.

Il y a des détails sur lesquels on n'est pas d'accord. On parlait hier de creuser à 1,000 mètres. Aujourd'hui ce n'est plus que 900 mètres. Nous ne pouvons pas trancher cette question. C'est affaire aux ingénieurs.

L'honorable membre demande donc l'ajournement de la solution à la session d'avril. Il s'associe d'ailleurs aux considérations du rapport de M. Cordier, et il sera un des premiers, après de nouveaux renseignements, à donner son vote à une œuvre si éminemment utile.

M. Ducoté retire son amendement et se rallie à la proposition d'ajournement pur et simple développé par M. Labarbe.

M. Deschamps a été d'avis de rejeter les conclusions premières de la commission, mais il votera la nouvelle rédaction.

Dans le premier projet on avait signalé une trop grande incertitude sur les moyens d'exécution. On craignait que le département n'agît seul et ne supportât tout le fardeau et les conséquences de l'entreprise. Tel n'est pas, en effet, le rôle du département.

Ces objections n'existant plus, le département n'est pas seul. Il vote conditionnellement 500,000 fr. pour le jour où il aura à côté de lui un capital constitué de 1 million.

En ce qui concerne l'avenir, même sécurité : la responsabilité du département est limitée, non pas parce que l'on a dit qu'elle serait limitée, mais par la force même des choses.

Le département n'intervient dans l'affaire que pour une subvention. Il n'agit pas lui-même, et la subvention forme la limite extrême de sa responsabilité et de ses engagements.

Le vote demandé est une conséquence de la délibération prise l'année dernière par le Conseil. La somme est élevée, mais elle est en rapport avec le grand intérêt qui est en question.

La proposition d'ajournement au mois d'avril est mise aux voix et n'est pas adoptée.

M. Savoye, parlant sur le fond, reconnaît les différences qui existent entre le premier projet et l'amendement de M. Besselièvre, accepté par la commission. Toutefois, il reproche à cet amendement d'avoir un air de famille trop marqué avec la proposition première.

D'après le premier projet, il s'agissait pour le département d'opérer trois forages, devant coûter 1,500,000 fr.

On comptait recueillir un million de souscriptions.

La commission abandonne ce système. Elle fait appel à l'initiative privée, et pour la stimuler, on offre une subvention de 500,000 fr. Mais puisqu'on s'adresse à l'initiative privée, pourquoi l'enserrer étroitement dans les bases du projet qui devait être exécuté par le département. Vous voulez stimuler l'initiative privée, rien de mieux, mais laissez-lui un large champ et sous la réserve de votre contrôle, promettez-lui dès à présent une prime.

Il est dangereux d'imposer un programme qui sera trouvé trop étendu par les uns, trop restreint par les autres.

Je voudrais, dit l'honorable membre, que le Conseil général restât libre d'apprécier les propositions qui lui seraient faites par une compagnie, tout en manifestant, par le vote d'une subvention éventuelle, l'intérêt que le département attache à la recherche de la houille.

Cela dit, il est incontestable que la question financière pèse beaucoup sur la solution de la question. Quant à moi le chiffre de 500,000 fr. me décide à voter contre les conclusions de la commission.

Il s'agit d'une opération aléatoire, et je pense que lorsqu'une opération a ce caractère, il convient d'apporter une grande prudence et une grande modération en la subventionnant.

Vous prendrez, en votant pour cette opération, une somme qui représente environ 5 centimes départementaux, une responsabilité qui, si elle n'excède pas vos droits, est bien près de la limite des pouvoirs que vous exercez comme tuteurs des intérêts départementaux.

Je propose donc un amendement réduisant à 100,000 fr. la somme de 500,000 fr. Cette somme serait acquise, à titre de prime, à la compagnie qui, sous des conditions que vous vous réserveriez d'examiner, se chargerait d'exécuter des travaux de sondages pour la recherche de la houille.

M. Peulevey pense que la subvention doit être proportionnée à l'importance du résultat à obtenir et des avantages qu'on espère.

Quand on a parlé de trois forages, on n'a indiqué qu'un minimum. Il est évident que la compagnie sera libre d'en faire cinq ou dix, si cela lui paraît utile.

M. Nétien : Qui veut la fin veut les moyens. La subvention de 100,000 fr. est absolument insuffisante. Aucune société ne s'en contentera. Je ne puis voter la subvention dérisoire proposée par M. Savoye.

M. Besselièvre insiste pour l'adoption des conclusions de la commission. Il espère que le Conseil général tiendra à honneur d'entrer le premier dans cette voie.

M. le général Robert donne lecture de l'amendement qu'il a signé avec M. Savoye :

« Le Conseil général décide qu'il encouragera, par une subvention de 100,000 fr., la recherche de la houille dans le département, et surseoit à statuer jusqu'à ce qu'une compagnie se présente pour opérer cette recherche dans des conditions présentant toutes les garanties désirables. »

L'amendement est mis aux voix et n'est pas adopté.

Les conclusions du rapport sont ensuite adoptées.

M. Nétien dit que les pouvoirs de la commission de la houille sont expirées et qu'il y aurait lieu de les renouveler.

M. le Préfet ne pense pas qu'il y ait lieu de former une nouvelle commission ; celle qui a fonctionné jusqu'à ce jour est naturellement appelée à continuer son œuvre dans des conditions où elle est maintenant placée. (Approbation.)

M. le Préfet ajoute : Il est entendu que le premier à-compte sur l'allocation votée ne figurera qu'au budget de 1875.

Conformément à cette dernière délibération, la commission pour la recherche de la houille dans la Seine-Inférieure reste donc composée comme suit :

MM. Alphonse Cordier, président et rapporteur; Bouctot, Besselièvre, Fauquet-Lemaître et Thiessé.

Cette Commission, à l'effet de propager les idées relatives à la recherche de la houille dans le département, s'est empressée de faire appel à plusieurs notabilités des divers arrondissements, pour constituer un comité composé de la manière suivante :

Messieurs

A. Cordier Député, Conseiller général.

Nétien, député, Maire de Rouen, Conseiller général.

Deschamps, Vice-président du Conseil général.

J. Thiessé, membre et secrétaire du Conseil général.

Bazan, Conseiller général.

Besselièvre, Conseiller général.

Fauquet-Lemaître, Conseiller général.

Bouctot, Conseiller général.

Malatiré, Président du Tribunal de Commerce de Rouen.

Waddington, Conseiller général, membre de la Chambre de Commerce et juge au Tribunal de Commerce de Rouen.

Powel, juge au Tribunal de Commerce de Rouen.

Faure, adjoint au maire du Havre.

Duchemin, membre de la Chambre de Commerce de Rouen.

Félix Lefèvre, membre et secrétaire de la Chambre de Commerce de Rouen.

Cabourg, Conseiller municipal et membre de la Chambre de Commerce d'Elbeuf.

Demar, membre de la Chambre de Commerce d'Elbeuf.

Cruzel, vice-président de la Chambre de Commerce de Dieppe.

Pourpoint, Président du Tribunal de Commerce et membre de la Chambre de Commerce de Dieppe.

Corneille, membre de la Chambre de Commerce de Fécamp.

Rolland-Banès, Ingénieur-Civil des mines au Havre.

Le comité a composé son bureau savoir :

MM. Cordier, Président ; Besselièvre, Vice-Président ; J. Thiessé et F. Lefèvre, Secrétaires ; Powel, Trésorier ; Rolland-Banès, Ingénieur.

Il a été décidé qu'il prendrait la dénomination de : *Comité départemental pour la recherche de la Houille dans la Seine-Inférieure.*

Le siége du Comité est à Rouen, Boulevard Cauchoise, 47.

Havre — Imp, Lepelletier.

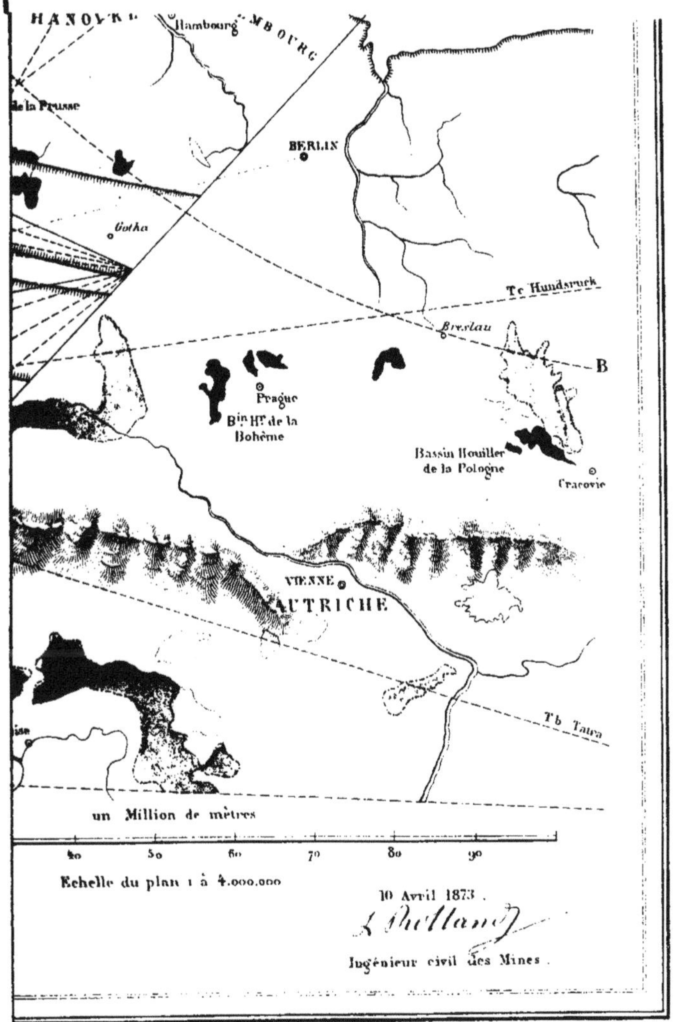

Imp Dufrenoy

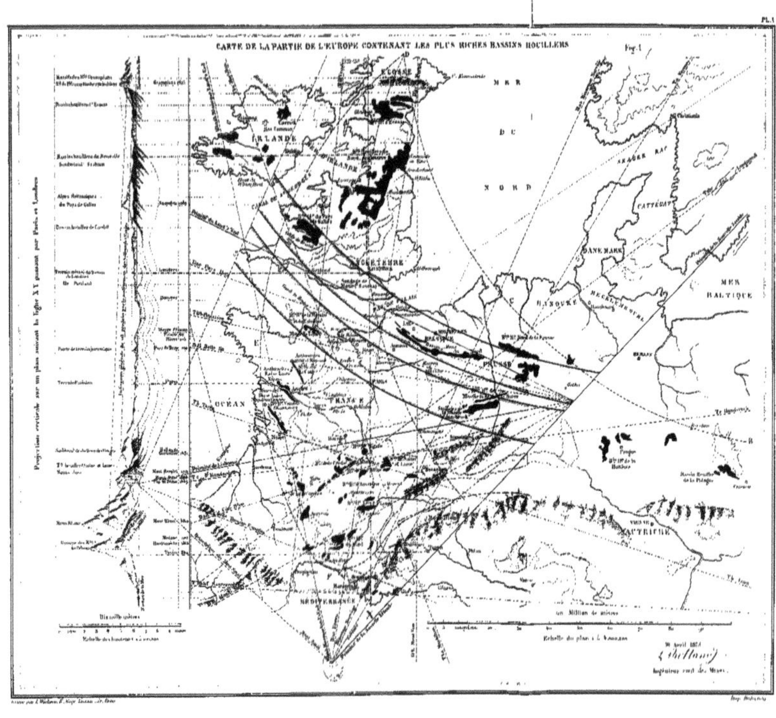
Pl. 1
CARTE DE LA PARTIE DE L'EUROPE CONTENANT LES PLUS RICHES BASSINS HOUILLERS
Fig. 1
MER
DU
NORD
IRLANDE
ECOSSE
ANGLETERRE
DANEMARK
CATTEGAT
MER
BALTIQUE
OCÉAN
FRANCE
MÉDITERRANÉE
AUTRICHE
PRUSSE
Un Million de mètres
Echelle du plan

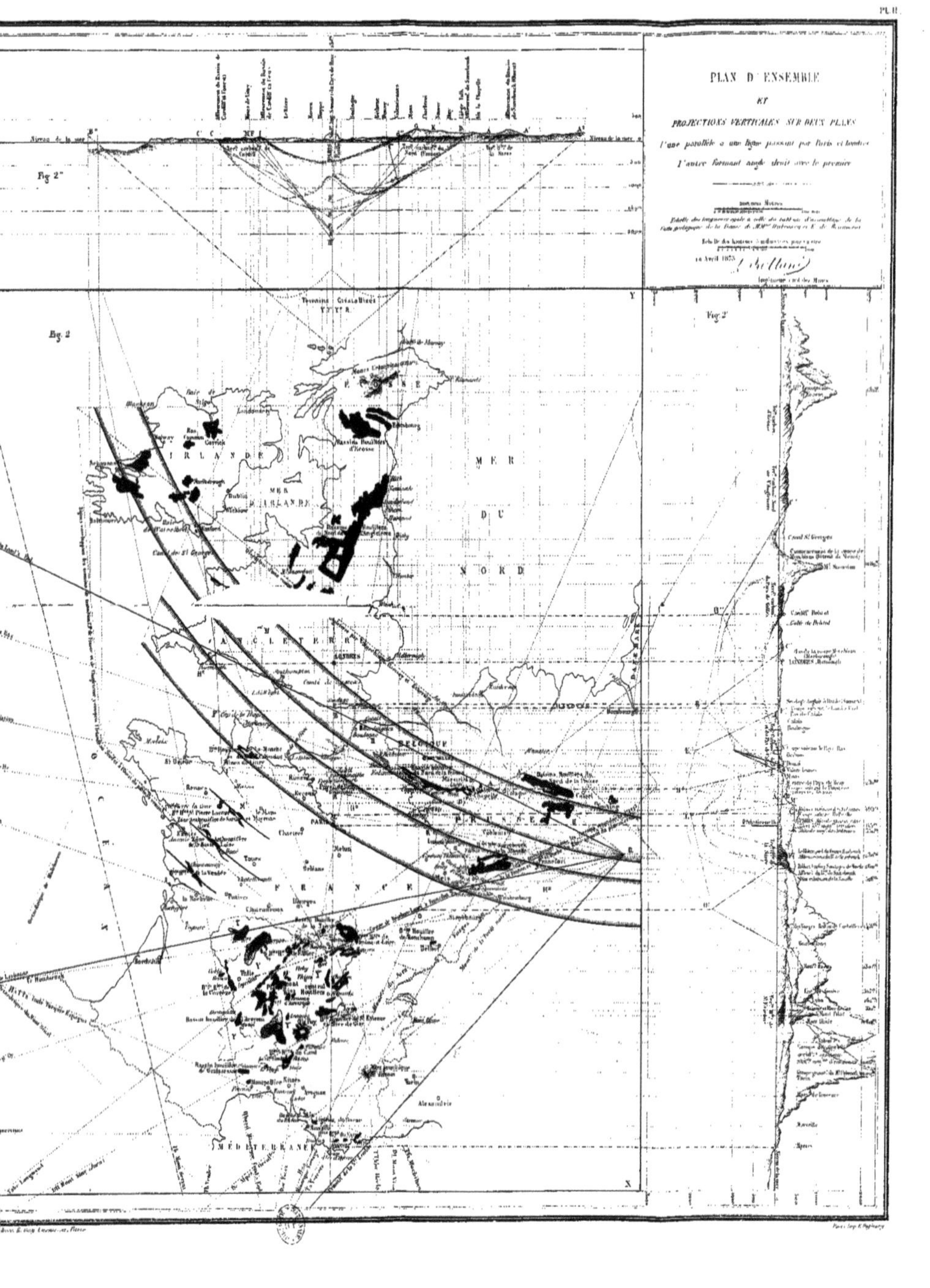
PLAN D'ENSEMBLE
ET
PROJECTIONS VERTICALES SUR DEUX PLANS
l'une parallèle à une ligne passant par Paris et Londres
l'autre formant angle droit avec le premier
Ingénieur civil des Mines
Fig. 2
Fig. 2'
Fig. 2''
Niveau de la mer
IRLANDE
MER D'IRLANDE
MER DU NORD
ANGLETERRE
BELGIQUE
PRUSSE
FRANCE
MÉDITERRANÉE
Bassins houillers d'Écosse
Dublin
PARIS
Chartres
Orléans
Tours
Poitiers
Limoges
Alexandrie
Canal St Georges

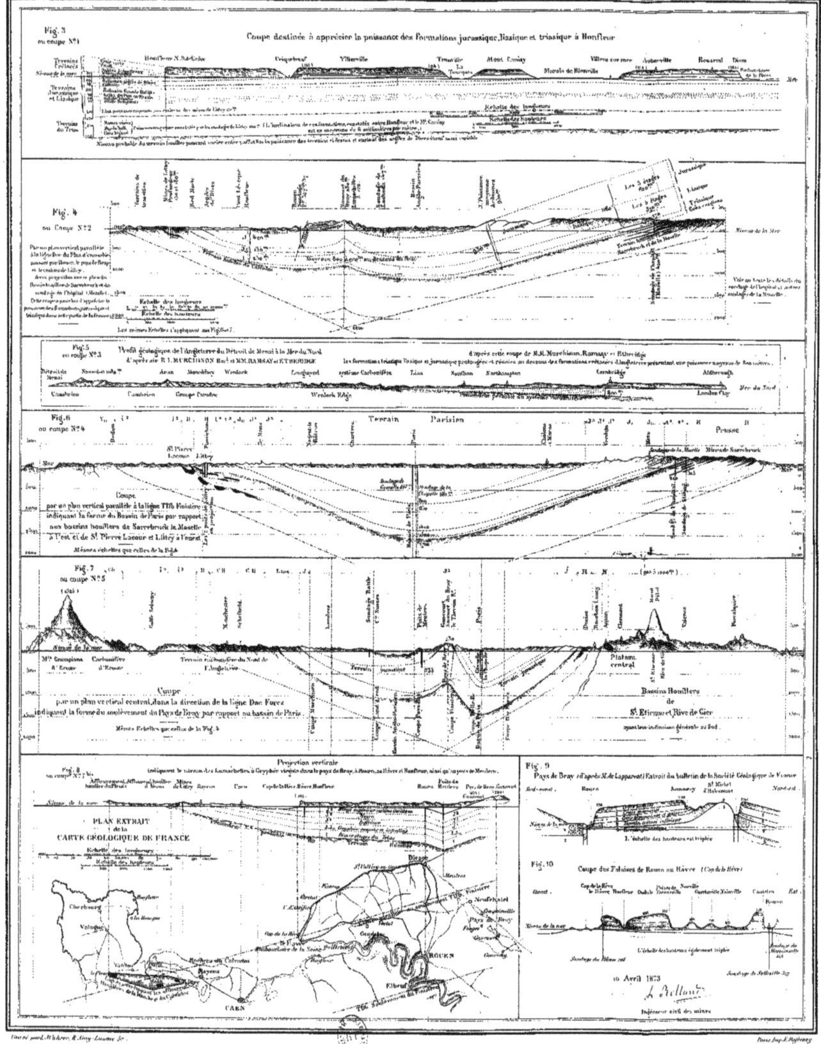
Fig. 3 ou coupe N° 1
Coupe destinée à apprécier la puissance des formations jurassique, liasique et triasique à Honfleur
Fig. 4 ou Coupe N° 2
Fig. 5 ou coupe N° 3
Fig. 6 ou coupe N° 4
Terrain Parisien
Fig. 7 ou coupe N° 5
Fig. 8
PLAN EXTRAIT de la CARTE GÉOLOGIQUE DE FRANCE
Fig. 9
Fig. 10
Coupe des Falaises de Rouen au Hâvre
10 Avril 1873
L. Belland
Ingénieur civil des mines

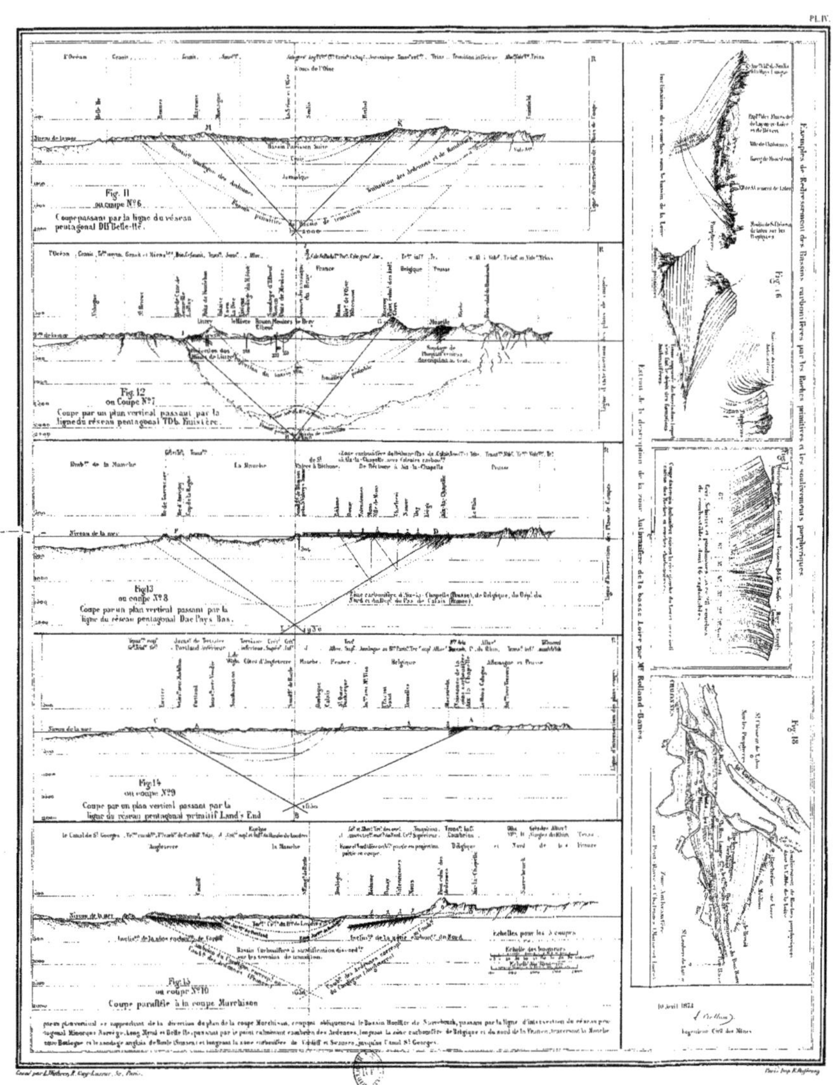

Gravé par L. Wuhrer, R. Gay-Lussac, 3e, Paris.

Paris. Imp.

www.ingramcontent.com/pod-product-compliance
Ingram Content Group UK Ltd.
Pitfield, Milton Keynes, MK11 3LW, UK
UKHW021156260726
13994UKWH00001B/496